DEUXIÈME PARTIE.

DICTIONNAIRE

DES

USAGES RURAUX ET URBAINS

POUR TOUS LES CANTONS

DU RESSORT DE LA COUR D'APPEL D'ANGERS

(MAINE-ET-LOIRE, MAYENNE, SARTHE)

AVEC LE TEXTE DES LOIS LES PLUS USUELLES

PAR

A. ROBERT & E. GASTÉ

AVOCATS.

———

DEUXIÈME PARTIE

SARTHE.

———

ANGERS

E. BARASSÉ, IMPRIMEUR-LIBRAIRE

rue Saint-Laud, 83.

—

1873.

DICTIONNAIRE

DES

USAGES RURAUX ET URBAINS

POUR LES CANTONS

DU RESSORT DE LA COUR D'APPEL D'ANGERS

MAINE-ET-LOIRE, MAYENNE ET SARTHE.

―――

DEUXIÈME PARTIE

SARTHE.

―――

A

ABATTAGE D'ARBRES. — Le propriétaire a le droit d'abattre tous les arbres à haute tige, propres à la construction (*sauf certaines réserves, voir ci-après*), sans autre indemnité pour le fermier ou colon que la réparation, due en tous cas, des dommages occasionnés aux clôtures et aux récoltes par la chute des arbres.

— Tous les cantons.

— **Restrictions** *au droit du propriétaire.*

— **Fruitiers et taillables.** — Le propriétaire ne peut les abattre avant leur dépérissement, sans indemniser le fermier de la perte des fruits ou des émondes dont il se trouve privé.

— Beaumont, Conlie, Ecommoy, Grand-Lucé, La Chartre, La Flèche, La Fresnaye, La Suze, Le Lude, Le Mans, Marolles, Montmirail, Pontvallain, Sillé-le-Guillaume, St-Calais, Tuffé, Vibraye.

— *Id*. pour les *fruitiers* ; mais pour les *taillables* abattus, le fermier n'a comme indemnité que la chevelure.

— Ballon, Bonnétable, Brûlon, La Fresnaye, Loué, Malicorne, Sablé.

— Si les arbres abattus sont destinés à la reconstruction ou à la réparation des bâtiments de la ferme, qu'il s'agisse de *fruitiers* ou de *taillables*, le propriétaire ne doit au fermier que la chevelure.

— Ballon, Bouloire, Sablé.

— Il peut, pour cette destination, abattre tous les arbres, sauf les fruitiers.

— Marolles.

— Même usage, mais restreint aux réparations.

— Malicorne.

ABEILLES (1) (col. part.). **Propriété.** — Elles sont censées appartenir au colon.

— Bouloire, Brûlon, Conlie, Grand-Lucé, La Chartre, La Flèche, Pontvallain, Sablé.

— Elles sont présumées communes.

— Le Lude.

— Les vieux essaims de **3** ans sont au propriétaire ; moins âgés, ils sont communs.

---

(1) *V.* la loi, p. 1 (t. I).

— **Distance** du rucher de celui du voisin.
— 1 m. — La Suze.
— 2 m. — Le Lude.
— 30 m. — La Flèche.
— On peut la réduire autant que le permet la clôture ; mais si un des essaims se réfugie dans la ruche voisine, n'y eût-il que 50 mouches, il devient la propriété de la ruche. Cependant, si cette ruche était vide, il y aurait lieu à partage.
— Vibraye.

— **Bail d'abeilles.** — Le propriétaire fournit la souche, le bail est de trois ans et les produits se partagent.
— Château-du-Loir, La Chartre, Malicorne.

— Le bail est à moitié fruits et dure 3 ans, après lesquels il peut être continué ; mais la société se dissout à la première réquisition de l'une des parties. Le partage se fait sans prélèvements.
— Conlie.

— Le propriétaire place le rucher, prélève l'avance faite ou la souche, puis le croît, ainsi que le miel et la cire, se partagent. D'habitude le propriétaire achète la part du fermier et se charge de la vente.
— Ecommoy.

— Le croît et le produit se partagent par moitié. La ruche est au propriétaire pendant 3 ans ; ensuite elle est commune.
— La Flèche.

— La souche reste au bailleur, et le partage des produits se fait à l'arrière-saison.
— Ecommoy.

— Le propriétaire fournit la souche et les fruits se partagent.
— Ballon, Bouloire.

— La ruche-mère reste au bailleur, et les essaims se partagent.
— Le Lude.

— Le bailleur fournit la ruche-mère, qui est soignée par le preneur. Cette ruche et les essaims qui en sortent se partagent ; la nourriture et les ruches sont à frais et bénéfices communs.
— Montfort.

— Celui qui fournit un rucher, retire les abeilles à sa perte ou à son profit ; le partage ne se fait que pour les ruches provenant de la souche.
— Grand-Lucé.

— Si l'essaim meurt, le panier revient à celui qui l'a fourni, et les gâteaux se partagent.
— Mayet.

— Les essaims et les fruits se partagent, mais la mère reste au bailleur qui la nourrit s'il y a besoin ; pour les essaims, les frais de nourriture sont communs.
— Pontvallain.

AJONCS. — **Coupe**. — Elle se fait deux fois dans un bail de 9 ans.
— La Suze.

— A l'âge de 3 ans.
— La Flèche, le Lude, Malicorne, Pontvallain (sauf la commune de Noyen, à 5 ans); Ballon, La Chartre, St-Paterne.

— A 4 ans.
— Conlie, Mayet.

— A 3 ou 4 ans, suivant l'assolement.
— Beaumont, Ecommoy, Mamers, Montfort.

— A 5 ans.
— Vibraye.

— S'ils forment haie,... aux époques indiquées pour les haies ; sinon à la volonté du fermier.
— Loué.

— Date de la coupe. — Au cours de l'hiver.
— Tous les cantons.

ARBRES.

— A basses tiges. — Sont compris, sous cette dénomination, le coudrier, le sureau, le lilas, le genêt, le laurier, et tous arbustes de décoration ; les fruitiers en espaliers, pyramides, quenouilles et buissons ; les charmilles ; les vignes (1) ; etc.
— Tous les cantons.

— *Id...* Et aussi les arbres à noyau (de jardin).
— Montmirail.

— *Id...* Les tilleuls, à tonte annuelle et non disposés en éventail.
— La Ferté.

— *Id...* Les bois taillis (sauf les baliveaux).
— Tous les cantons (sauf Ballon et Marolles ; dans ces deux derniers, ils sont classés parmi les arbres à haute tige).

— *Id...* Les souches (*V.* ce mot).

— *Id...* Les sapins, jusqu'à l'âge de 12 ou 15 ans.
— Conlie, Ecommoy (2), La Suze.

— *Id...* Jusqu'à 6 ans. — Le Lude, Mayet.

— *Id...* Jusqu'à 8 ans. — Malicorne.

— *Id...* Jusqu'à 10 ans. — Ballon.

— *Id...* Jusqu'à 12 ans. — Brûlon, Pontvallain.

---

(1) Lorsqu'elles ne sont pas disposées en rideaux et ne peuvent causer par leur ombrage un dommage préjudiciable au voisin.
— La Ferté.

(2) Entre les sapinières, on élève les sapins jusqu'à la limite du voisin, sans tenir compte de leur âge.

— *Id...* Tant qu'ils sont en coupe réglée. — Loué.

— *Id...* Jusqu'au troisième éclaircissement, pourvu qu'ils n'atteignent pas plus de 5 mètres.

— Bouloire, Montfort, Vibraye.

— *Id...* Tant qu'ils n'atteignent pas 4 mètres.

— Grand-Lucé.

— *Id...* Jusqu'à 2 m. 66. — La Flèche.

— *Id...* Jusqu'à 5 m. — Bonnétable, Bouloire.

— **Plantations.** — Permises à moins de 50 cent., si les héritages sont séparés par un mur mitoyen ou appartenant à celui qui plante.

Tout propriétaire ou co-propriétaire d'un mur peut planter des cordons de vigne, des arbres en espaliers ou en éventails, des fruitiers nains et autres arbres de basse tige, sans observer d'autres distances que l'épaisseur du mur.

— Ballon (1), Bouloire, Conlie, La Fresnaye, La Flèche, le Lude, Loué, La Suze, Malicorne, Mayet, Pontvallain, Sillé-le-Guillaume, Vibraye.

— Cette faculté n'est accordée que pour les arbres qui ne surmontent pas le mur.

— Grand-Lucé, Marolles, Montfort.

— Pour les espaliers seulement, et pour la vigne en palissade.

— Ecommoy.

— *Id...* Pour les espaliers qui ne surmontent pas le mur.

— Tuffè.

---

(1) .... Aussi des fruitiers et forestiers de toute essence non aménagés, en les tenant élagués à plomb du parement extérieur du mur, mitoyen ou non.

— Ces principes sont admis, qu'il s'agisse d'un mur ou d'un palis ou carrelis.

—Bouloire, Écommoy, La Fresnaye, La Flèche, Loué, Malicorne, Marolles, Mayet, Montfort, Vibraye.

— Au contraire, ils ne s'appliquent pas au cas de palis; la distance légale est exigible.

— Ballon, Brûlon, Bonnétable, Conlie, Grand-Lucé, Le Lude, La Suze, Tuffé.

— Si le mur ou carrelis n'est pas mitoyen, il faut 50 centimètres.

— Sillé-le-Guillaume.

— 0 m. 509, qu'ils soient mitoyens ou non.

—Beaumont, Château-du-Loir, La Chartre, La Fresnaye, Mamers, Montmirail, St-Paterne, Sablé.

— 0 m. 16, s'ils sont mitoyens; — aucune distance s'ils appartiennent au planteur.

— St-Calais.

— 0 m. 50, à partir du milieu du mur mitoyen, pourvu que les espaliers et vignes ne fassent pas, par dessus la clôture, une ombre préjudiciable.

— La Ferté-Bernard.

— 2 m., pour les espaliers et rideaux, si la clôture est aux riverains ; pour les autres arbres, 0 m. 50.

— La Ferté-Bernard.

— Si le mur (1) n'est pas mitoyen, on peut planter des espaliers en deçà de la distance légale, pourvu qu'ils soient attachés à des poteaux ou treillages non fixés au mur, avec responsabilité du dommage.

— Ballon, Bonnétable, Bouloire, Conlie, Ecommoy, Fresnay, La Flèche, Le Lude, Loué, Malicorne, Montfort, Pontvallain, Vibraye.

---

(1) Même règle, si la clôture est un palis, sauf pour les cantons de Bonnétable, Conlie, le Lude, Vibraye.

— *Id*... pourvu qu'ils ne surpassent pas le mur.

— Marolles, Tuffé.

— Dans le cas de non-mitoyenneté, on observe la distance légale.

— Beaumont, Brûlon, Château-du-Loir, Grand-Lucé, La Chartre, La Fresnaye, La Ferté-Bernard, La Suze, Mamers, Mayet, Montmirail, St-Paterne, Sablé, St-Calais, Sillé.

ARBRES *à* **hautes tiges**. — Sont compris dans cette catégorie, tous les arbres qui ne rentrent pas dans les énumérations précédentes.

— **Plantation**. — Elle se fait à 2 mètres, distance légale (1).

— Tous les cantons.

— Elle est exigée jusqu'à la prescription trentenaire.

— Beaumont, Bouloire, La Flèche, Loué, Le Mans, Mayet, Montmirail, Sablé, Vibraye.

— Au moment seulement de la plantation.

— Tous les autres cantons.

— Elle se mesure à partir du cœur de l'arbre.

— Bonnétable, Bouloire, Brûlon, Conlie, Fresnay, La Ferté, La Fresnaye, La Suze, Le Lude, Marolles, Montfort, Malicorne, Pontvallain, Tuffé, St-Calais.

— .... A partir de l'écorce (2).

— Tous les autres cantons (3).

---

(1) *V.* la loi, p. 203, t. I.

(2) Celui qui plante doit mesurer la distance en calculant la croissance future de l'arbre, sous peine de le voir devenir mitoyen en grossissant. (*V.* mitoyenneté.)

(3) Au moment de la plantation ; mais, plus tard, pour vérification, on mesure à partir du cœur de l'arbre. — La Chartre.

— Plantations le long des ruisseaux. — S'ils ont moins de 2 mètres de largeur, aucune distance n'est exigée.

— — Ballon, Beaumont, Brûlon, Château-du-Loir, Ecommoy, La Flèche, Le Lude, Malicorne, Marolles, Mayet, Pontvallain, St-Calais.

— — *Id...* Pour les bois blancs seulement.
— — Montfort.

— — Il faut 2 mètres.

— — Bonnétable, Conlie (1), Fresnay, Grand-Lucé, Loué, La Chartre, La Ferté (2), La Fresnaye, Mamers (2), Sillé (2), Tuffé (2).

— — *Id...* Si le ruisseau est mitoyen, à moins de 1 mètre ; sinon, le propriétaire seul plante en deçà de la distance légale.
— — Vibraye.

ARBRES FRUITIERS. — Béchage *au pied des fruitiers.*

Dimensions *de l'espace béché*, à partir de l'écorce.
— — 0m. 50. — Ballon, Beaumont, La Flèche, St-Paterne.
— — 0m. 60. — Sablé.
— — 0m. 66. — Mamers.
— — 1 m. — Bouloire, Pontvallain, St-Calais.
— — 1 m. 33. — Marolles.
— — 2 m. — Loué.

Epoque *du béchage.* — Pendant les Avents de Noël.
— Ballon, Beaumont, Bonnétable, Bouloire, Brûlon, La Ferté, La Suze, Mamers, Tuffé.
— — En automne. — Sillé.

---

(1) A partir de la rive opposée, si c'est un ruisseau naturel ; sinon, qu'il soit propriétaire riverain, il faut la distance légale à partir du b'd.
(2) 2 mètres à partir du milieu du ruisseau.

— Au commencement de l'hiver. — La Flèche, Loué.

— Au cours de l'hiver.
— Malicorne, Montmirail, St-Calais.

— En novembre ou décembre. — St-Paterne.

— En décembre.
— Conlie, La Fresnaye, Marolles, Montfort.

— Fin décembre. — Ecommoy.

— Avant la végétation. — Pontvallain.

— En mars. — Sablé.

— En mai et août. — Mayet.

Obligation *du béchage* imposée au fermier.

— Elle n'existe pas dans les cantons suivants :
— Château-du-Loir, Grand-Lucé, La Chartre, La Fresnaye, Vibraye.

— Elle existe dans ceux-ci : — Pour les jeunes arbres.
— Brûlon, Loué, Malicorne, St-Calais, St-Paterne, Sillé.

— *Id*... pour les arbres âgés de moins de 20 ans.
— Tuffé.

— *Id*... 15 ans (de greffe). — La Ferté.

— *Id*... 15 ans (de plantation). — Ecommoy.

— *Id*... pour les arbres qui n'ont pas atteint 0 m. 50 de tour à hauteur de 1 mètre.
— Sablé.

— *Id*... pour les arbres plantés dans des prés artificiels de plus de deux ans.

— *Id*... dans les terres qui ne sont pas labourées périodiquement.
— Bonnétable, Mamers.

Nombre *de béchages*. — Deux par an.
— Le Mans (1er et 2e C.), Mayet.

— Un seulement. — *Tous les autres cantons* où le fermier est tenu de faire cette opération.

— **Emondage.** — Il est interdit généralement, sauf le cas de nécessité, par exemple, quand les branches trop basses gênent les labours.

Cependant il est permis au fermier d'éclaircir avec précaution les arbres trop touffus.

— Brûlon, Grand-Lucé, Vibraye.

— **Epines et pieux** *pour protéger les fruitiers.* — Cette précaution est imposée au fermier.

— Ballon, Beaumont (1), Bonnétable, Bouloire, Brûlon, La Suze, La Flèche, La Fresnaye, Loué, Le Mans, 3 ; Malicorne, Marolles, Mayet, Montmirail, Pontvallain, St-Paterne, St-Calais.

— Pour les arbres qui ont moins de 0 m. 35 de tour.

— Conlie.

— *Id...* âgés de moins de 15 ans. — Ecommoy.

— *Id...* — de 20 ans. — Tuffé.

— Pour ceux que le fermier a lui-même plantés.

— Le Lude.

— Elle n'est pas obligatoire, mais le fermier est responsable des dommages causés par ses bestiaux.

— Château-du-Loir, Grand-Lucé, La Chartre, La Ferté, La Fresnaye, Mamers, Sillé, Vibraye.

Gourmands et rejets. — **Destruction.** — Obligatoire chaque année.

— Beaumont, Bonnétable, Brûlon, Château-du-Loir, Fresnay, Loué, La Fresnaye, La Ferté-Bernard, La Flèche, La Suze, Le Mans, Marolles, Montmirail, Malicorne, Montfort, Mayet, Pontvallain, Sablé, St-Paterne.

---

(1) Cette garniture a trois harts et 1 m. 50 de hauteur.

— Pour les rejets seulement et non pour les gourmands.

— St-Calais.

— **Epoques.**

— Pendant les Avents de Noël.

— Beaumont, La Ferté, La Suze.

— Au cours de l'hiver.

— Brûlon, La Fresnaye, Malicorne, Mamers, Marolles, Montmirail, Pontvallain, St-Calais.

— Avant la sève. — Mayet.

— En décembre ou janvier. — Conlie.

— De janvier à mars. — La Flèche.

— En février ou mars. — Montfort.

— Fin mars. — Ecommoy.

— Avant le 1er mai. — Sablé.

— En décembre. — Fresnay, Tuffé.

— La destruction n'est pas obligatoire pour le fermier.

— Ballon, Bouloire, La Chartre, Grand-Lucé, Vibraye.

— Le *gui et autres plantes parasites* doivent être détruits au cours de l'automne et de l'hiver.

— Généralement accepté.

— *Bois mort.* — Il doit être enlevé. — Marolles.

— **Greffes.** — Les fermiers et colons sont tenus, sans stipulation, de greffer les fruitiers plantés par eux ou par le propriétaire.

— Ballon, Bonnétable, Brûlon, Conlie, Ecommoy, Fresnay, Loué, La Suze, La Flèche, Le Lude, Mayet, Malicorne, Marolles, Montmirail, Montfort (1), Pontvallain, Sablé, Tuffé.

---

(1) Ils ne sont tenus de greffer les sauvageons laissés par leurs prédécesseurs qu'autant qu'il n'y a pas eu de retard pour les greffer.

— **Le fermier n'est pas tenu de greffer.**

— Beaumont, Bouloire, Château-du-Loir, Grand-Lucé, La Chartre, La Ferté, La Fresnaye, Mamers, St-Calais, St-Paterne, Sillé, Vibraye.

— **Epoque** de la greffe.

— Quand les sauvageons (aigrasseaux ou transplantés) ont atteint 5 centimètres de diamètre.

— Le Lude.

—. Après la 2e année de la plantation.

— Ecommoy, La Suze, Montmirail, Pontvallain.

— Après la 3e année de la plantation.

— Ballon, Conlie, La Flèche, Mayet, Sablé.

— Après la 3e ou la 4e année de la plantation.

— Marolles, Tuffé.

— A l'âge de 3 à 8 ans. — Brûlon.

— Lorsqu'ils ont de 11 à 12 centimètres de tour.

— Loué.

— *Id*... 15 centimètres à leur sommet.

— Bonnétable.

— **Choix** de la greffe. — Ce choix appartient au propriétaire.

— Bonnétable, Sablé.

— **Plantations.** — Elles sont *permises* au fermier.

— Conlie, Ecommoy, Grand-Lucé, La Fresnaye, Loué, Marolles, Malicorne, Montmirail, Vibraye (1).

— Elles sont *interdites*.

— Tous les autres cantons.

------

(1) Mais le fermier doit s'entendre avec le propriétaire pour le choix des emplacements.

ASSOLEMENT. — *V. à la fin du vol.*

AUJOLER. — On désigne ainsi les travaux de labours préparatoires au cours de l'hiver. *V.* **Labour.**
— Le Mans, 3 c.

AVOINE (Menus grains). — *V.* Assolement, balles, battage, comble (mesure). — Ensemencements, labours, paille, plantes printanières, prairies artificielles, partage de graines, récolte, retours, semences.

B

BAIL à moitié fruits. — *V.* **Colonie Partiaire.**

BAIL à ferme. — Pour l'époque d'entrée et de sortie. *V.* **Terme**
— Pour la durée. — *V.* **Bail verbal, congé, tacite reconduction.**

BAIL à borderie. — Par ce bail, le propriétaire cultive ses terres et en fait les récoltes, le tout à ses frais et à son profit. Le *bordier* jouit des bâtiments d'habitation et des étables de la ferme. De plus il fait pacager par ses bestiaux les herbes des terres labourables. Il profite aussi des fruits dont la récolte se fait à ses frais, et il émonde les haies et les souches à son profit.
Le propriétaire paie les contributions.
— La Ferté-Bernard, Montmirail.

BAIL à loyer. — *V.* **Bail verbal.**

BAIL de brebis. — (Article 1804 et suivants du Code civil.)
— Ce bail est toujours à moitié ; la laine des mères et des agneaux se partage.
— La Flèche, La Suze.

— Si lés brebis sont fournies de l'Angevine (8 septembre) à Noël, la laine et les agneaux se partagent, et l'on ne considère pas si les mères que l'on retire ont augmenté ou diminué de valeur.

Si elles sont livrées plus tard, le propriétaire a toute la laine, mais les agneaux se partagent, et quand on retire les mères, le maître tient compte de la moitié de la plus-value.

— Sablé.

— Le propriétaire fournit la souche qui devient commune au bout de trois ans si le propriétaire a toute la laine et qui reste sa propriété exclusive si le fermier partage la laine et le croît. En tous cas, le croît se partage toujours.

— Malicorne.

— Le profit et la perte se partagent par moitié : Le preneur garde, nourrit et soigne les brebis, il a tout le fumier, et au bout de deux ans la souche devient commune.

— Pontvallain.

— Le propriétaire fournit la souche, dont la laine appartient au fermier; le croît se partage.

— Mayet.

— Tous les produits se partagent, à l'exception du laitage qui nourrit les agneaux.

— Ballon, Conlie.

— Le fermier a aussi le fumier. Le bail est censé fait pour trois ans, et il peut y avoir tacite reconduction.

Au commencement et à la fin du bail on procède à l'estimation des sujets fournis par le bailleur qui prélève la valeur qu'avait le fonds du cheptel.

— Conlie.

— La souche devient commune au bout de trois ans. La laine, même celle des souches et le croît se partagent.

— Écommoy,

— Si le bail est d'un an, les agneaux et la laine se partagent.

S'il est de trois ans, tout devient commun.

— Le Lude.

— La souche est estimée ; la moins-value, comme la plus-value, partagées par moitié, toute la laine reste au fermier, mais le prix du croît se partage.

— La Chartre.

BAIL VERBAL (1). — **Maison** (ou portion de). — Le bail est censé fait pour un an (2) (*V.* **terme**).

— Tous les cantons, sauf Loué, *où il est de six mois.*

— **Maison meublée.** — Le bail se fait au mois.

— Tous les cantons.

— **Bordage, closerie et ferme.** — La durée du bail est d'autant d'années qu'il y a de *soles* ou *cotaisons*.

— Tous les cantons (3).

— **Prés** et **Vignes.** — Un *an*.

— Tous les cantons.

— **Courtils** et **terres volantes.** — Si les terres détachées sont soumises à un assolement régulier, la durée du bail est d'autant d'années qu'il y a de soles, sinon elle est *d'un an*.

— Tous les cantons, sauf les suivants : Le Lude, Malicorne, Pontvallain, La Suze, La Flèche (où le bail est de 2 ans).

------

(1) *V.* le texte du Code civil, t. I, p. 16.
(2) Ce bail se renouvelle de plein droit par la tacite reconduction.
(3) Sauf dans les cantons de La Flèche et de Malicorne, où il est censé de *trois ans*.

BALIVEAUX. — *V*. Taillis.

BALLES. — Les balles de toute espèce appartiennent à la ferme et celles de l'année de sortie sont remployées par l'entrant au 1er novembre.

- — Ballon, Château-du-Loir, Grand-Lucé, La Chartre, La Flèche, La Ferté, Mamers, Malicorne, Montmirail, Sablé, St-Calais, Vibraye.

- — Les balles d'avoine sont au sortant, les autres restent à l'entrant au 1er novembre.

- — Bonnétable, Bouloire, Brûlon, Conlie, Ecommoy, Loué, Le Lude, La Suze, Mayet, Montfort, Pontvallain, Tuffé.

- — Le sortant au 1er mai ou à Pâques a le droit de les consommer sur place ; s'il ne l'a fait, il les laisse à l'entrant.

- — La Fresnaye, St-Paterne.

- — Même règle, pour les balles d'avoine seulement.

- — Beaumont, Fresnay.

- — Elles se consomment sur place : — interdiction absolue de les vendre ou de les enlever, sauf ce qui est dit pour les balles d'avoine.

- — Ballon, Beaumont, Bonnétable, Bouloire, Brûlon, Conlie, Ecommoy, Fresnay, La Suze, Le Lude, Loué, Montfort, Marolles, Mayet, Pontvallain, Sillé, Tuffé, Vibraye (1).

BATTAGE DE GRAINS. — Il est à la charge du sortant qui doit faire tous les travaux de l'arrière récolte, même en cas de partage.

— Tous les cantons (2).

ÉPOQUE et conditions. — Il se fait aussitôt après la récolte.

— Beaumont, Brûlon, Ecommoy, La Flèche, Le Lude, Le Mans, 3 c ; Loué, Malicorne, Pontvallain.

---

(1) Les balles d'avoine peuvent être vendues dans ce canton.
(2) Sauf le Lude, où le battage des gros blés est fait à frais communs.

— Pas d'époque déterminée, mais l'entrant laisse libre l'aire et la grange jusqu'à la fin des travaux.

— La Suze, Montfort, Sillé (1).

— Pour le battage de l'année qui précède la sortie, l'entrant fournit un homme pour aider au battage, mais le sortant qui *embarge* ou *engrange*, doit le nourrir.

— Sablé.

— Le sortant au 1er novembre bat ses grains avant sa sortie ; on accorde une tolérance de quinze jours quand il y a mauvais temps ou force majeure.

— Mayet.

— Le battage doit être terminé avant Noël.

— St-Paterne.

— Le sortant a droit à l'aire et à la grange jusqu'au 1er novembre.

— Fresnay.

— Il s'effectue au cours de l'hiver.

— Montmirail, Vibraye.

— Aussitôt après la récolte, sinon un tiers avant le 1er novembre, un tiers avant Noël, le dernier tiers avant fin mars.

— Mamers.

— Le sortant peut venir jusqu'au 1er novembre battre dans la grange le grain nécessaire à la nourriture de sa famille et à l'ensemencement des gros blés. Le surplus jusqu'au 25 décembre seulement.

— La Fresnaye.

---

(1) Les blés d'automne doivent être battus assez à temps pour laisser la grange libre au moment de la récolte des orges et avoines. L'entrant fournit au sortant les logements nécessaires pour ouvriers et bestiaux.

—On bat dans la grange : un tiers avant la sortie, un tiers avant le 25 décembre, un tiers avant le 15 avril. A partir de cette date, l'entrant dispose de la grange. L'année suivante, le sortant bat les blés d'arrière-récolte dans la grange du lieu.
— La Ferté.

— Après la récolte ou au cours de l'hiver. Les grains de la dernière récolte sont battus par le sortant au 1er novembre, avant sa sortie.

Pour ceux de l'arrière-récolte si le sortant bat seulement les blés, seigles et méteil, il doit finir au 1er septembre ; s'il bat tous les grains, au 15 septembre.
— Conlie.

— Immédiatement après la sortie, sinon un tiers au 1er septembre, un tiers au 25 décembre, un tiers au 1er avril.
— Marolles.

— Le fermier sortant au 1er novembre, bat la récolte de dernière année : un tiers avant le 1er novembre, et les deux autres tiers au cours de l'hiver et avant le 1er mars.

Pour les blés de l'arrière-récolte, lorsqu'il y a partage entre le *sorti* et l'*entré*, on lui accorde jusqu'au mois de janvier ; un tiers toutefois doit être battu immédiatement pour les semences.

S'il est sorti au 1er mai, il bat un tiers avant le 1er octobre. Le surplus avant le 1er mars.
— Bonnétable.

— Le sortant d'une ferme a jusqu'au 1er mars ; le sortant d'un bordage, jusqu'au 1er février.
— Tuffé.

— Avant le 1er mars.
— St-Calais.

— Avant le 1ᵉʳ novembre, sauf le cas de pluies continuelles, où une tolérance non limitée lui est accordée. Dans ce cas, il garde la clef de la grange. Il doit finir néanmoins avant la récolte des orges et avoines.
— Bouloire.

— Il a jusqu'au 25 décembre.
— Château-du-Loir.

— La grange doit être laissée libre pour la récolte des menus grains.
— Grand-Lucé.

— Le battage commence dès la moisson et se termine avant le 1ᵉʳ novembre.
— Ballon.

BESTIAUX. — C. C. 1766.

— **Achat, Echange. Vente** (col. part.). — Ces opérations ne peuvent se faire qu'avec le consentement du propriétaire.

Cette règle est généralement suivie, sauf dans les cantons ci-après où le propriétaire et le fermier doivent se concerter.
— Brûlon, Ballon, Conlie, Château-du-Loir, St-Calais.

— **Conduite aux foires.** — **Droits de péage** (col. part). — Ces frais sont supportés par moitié.
— Brûlon, Ballon, Grand-Lucé, Conlie, Le Lude, Pontvallain, Sablé, St-Calais, Sillé.

— Par le colon seul, mais, en compensation, il profite seul des pots de vin.
— Malicorne.

— **Emploi des bestiaux hors la ferme.** — Il est

interdit, qu'il s'agisse d'un fermier à prix d'argent ou d'un colon partiaire.

— Ballon, Beaumont, Brûlon, Fresnay, Grand-Lucé, La Ferté, Le Lude, Malicorne, Marolles, Montmirail, Pontvallain, Sablé, Sillé, Vibraye.

— Cette interdiction n'existe pas pour le fermier à prix d'argent.

— Bonnétable, Conlie.

— S'il s'agit d'un colon partiaire, il peut user des bestiaux communs pour la culture de ses biens personnels, mais non pour celle de biens affermés.

— Bonnétable, Conlie.

— Permis aux fermiers, pourvu que tous les engrais restent sur la ferme.

— La Suze, Mamers, Montfort, Tuffé.

— S'il y a lieu de lui permettre cet emploi, le fermier ne peut nourrir ses bestiaux avec les fourrages du lieu.

— Ecommoy.

— **Fourniture** (col. part.). — Elle se fait moitié par propriétaire, moitié par le colon. En fin de bail, les bestiaux sont partagés entre eux à l'amiable ou par voie de tirage au sort.

— Ballon, Bonnétable, Brûlon, Château-du-Loir, Conlie, Grand-Lucé, Le Lude, Malicorne, Pontvallain, Sablé, Sillé.

— Les autres cantons n'ont pas d'usage.

— **Frais de saillie** et autres (col. part.). — Payés par moitié.

— Brûlon, Conlie, Grand-Lucé, Le Lude, Malicorne, Pontvallain, Sablé, Sillé.

— Par le fermier seul.

— Ballon.

— **Nombre**. — Une bête à cornes par 2 hectares.
— La Suze.

— Une bête à cornes par 1 hectare 32 ares.
— La Flèche.

— Pour une ferme de 400 fr. : 1 cheval, 2 vaches, 1 veau, 2 cochons.

Pour une ferme de 800 fr. : 2 chevaux, 3 vaches, 2 veaux, 4 cochons.

Pour une ferme de 1200 fr. : 3 chevaux, 4 vaches, 3 veaux, 5 cochons.

Pour une ferme de 1500 fr. : 3 chevaux, 2 bœufs, 5 vaches, 3 veaux et 4 cochons.

Pour une ferme de 1800 fr. : 4 chevaux, 2 bœufs, 6 vaches, 4 veaux et 6 cochons.

Et ainsi de suite, en observant les mêmes proportions.
— Bonnétable.

— 1 vache pour 4 ou 5 hectares ; 1 cheval représente 2 ou 3 vaches.
— Montfort.

— En quantité et qualité suffisantes pour assurer la bonne exploitation du lieu et répondre du fermage.
— Tous les cantons.

— S'il s'agit d'une colonie partiaire, pas de nombre déterminé.
— Tous les cantons.

— **Pacage**. — *V.* Pacage, pépinières, prés, taillis, trèfles, etc., etc.

— **Part du propriétaire** dans le prix de vente (col. part.). — Elle est payée au domicile du propriétaire, par le colon
— Ballon, Brûlon, Grand-Lucé, Le Lude, Malicorne, Pont-vallain, Sablé, St-Calais, Sillé.

— Cette obligation n'existe pas si le domicile du propriétaire est à plus d'un myriamètre.
— Conlie.

— **Reproduction** (col. part.). — Les animaux (mâles et femelles) sont choisis par le propriétaire.
— Le Lude, Malicorne, Pontvallain, Sablé.

— Par le fermier et le propriétaire d'accord.
— Brûlon, Conlie, Sillé.

— Par le fermier seul.
— Ballon, Grand-Lucé.

— **Sevrage des veaux.** — A quatre mois.
— Sablé, Sillé.

— A un mois. — Ballon, Pontvallain.

— A huit jours. — Grand-Lucé.

— A six semaines. — Le Lude.

— A quarante-cinq jours. — Conlie.

BETTERAVES. — *V. Plantes printanières.*

BLANC DE CHAUX. — L'entrant ne peut exiger que plafonds et murs soient blanchis par le propriétaire ou le fermier sortant.
— Conlie.

BLÉS-GUÉRETS. — On nomme ainsi les ensemencés (froment, seigle, méteil) faits vers le 1er novembre sur les sols en herbes ou jachères, par opposition aux blés-retours, qui viennent après les blés-guérets.

BLÉS-RETOURS. — Ceux ensemencés sur les blés-guérets.

BOIS blanc ou mou. — Peupliers, osiers, saules, aulnes, trembles et coudriers.

BOIS de chauffage. — Il n'est pas dû par le propriétaire au fermier. *Généralement accepté.*

— Par exception, les branches mortes sont prises par le fermier.
— La Flèche.

— **Copeaux et racines** sont abandonnés aux ouvriers qui ont abattu le bois.
— Ecommoy, La Suze, La Flèche, Malicorne, Sablé.

— **Les bûcherons** doivent réparer les talus.
— Conlie, La Suze, Malicorne, Mayet.

— Ils rabattent seulement la terre dans les trous faits par eux.
— Ballon.

BOIS mort ou brisé. — *V.* Arbres morts ou brisés, bois de chauffage, bois taillable, etc.

BOIS DUR. — Chêne, cormier, érable, frêne, ormeau, etc. etc.

BOIS TAILLABLE. — **Age de la coupe sur les haies** et **chaintres.**
— A 4 ans dans les cultures biennales.
— A 8 ans dans les cultures quadriennales.
— A 6 ans dans les cultures triennales.
— Le Mans (1) (3e C.).
— A 6 ou 9 ans dans l'assolement triennal.
— A 8 ans dans l'assolement quadriennal.
— Les bois mous, toujours à 5 ans.
— Ballon.
— Une seule fois dans un bail de 8 ans.
— Conlie.

---

(1) A Savigné et Yvré, la coupe se fait une fois dans le cours du bail.

— Sur les terres volantes, à 6 ans.

— Sur les lieux composés, à 6 ou 8 ans, suivant l'assolement.
— Ecommoy.

— Une fois en 9 ans, par neuvième. — La Suze.

— Tous et toujours à 8 ans. — Loué et Sillé.

— Terres volantes, à 6 ans.

— Bois des haies plates, à 6 ans aussi.

— Haies non assujetties aux bois du voisinage, une fois dans le cours d'un bail de 6, 8 ou 9 ans.
— Montfort.

— Bois durs, de 7 à 9 ans ; bois blancs à 5 ans ; pins maritimes, 7 ans (1).
— La Flèche.

— Bois blanc, 6 ans. — Les autres à 8 ou 9 suivant l'assolement. — Terres volantes, bois dur, 9 ans ; bois mou, 6 ans (2).
— Bonnétable, Brûlon, Fresnay, La Ferté-Bernard, Mamers, Marolles, Tuffé, Vibraye.

— Bois dur, 7 ans ; bois blanc, 6 ans.
— Mayet.

— A 9 ans dans les fermes, à 7 ans dans les bordages et terres volantes.

— Bois blanc à 5 ans.
— Pontvallain.

— A 7 ans, closeries ; à 9 ans, fermes.
— Malicorne (3).

---

(1) On laisse trois couronnes et le bouquet.
(2) Il n'est pas dû d'indemnité au fermier pour les sèves non-recueillies.
(3) A St-Jean-du-Bois, à 8 ans, sur toutes les terres ; et à Ligron, à 7 ans.

— A 8 ans, toutefois si le bail n'est que de 6 ans, à 6 ans.

Bois mou, à 4 ou 5 ans pour baux de 9 ans ; à 4 ans pour baux de 8 ou 12, et à 6 ans pour baux de 6 ans.

— Beaumont.

— Bois blanc, à 6 ans ; bois dur, à 9 ans dans l'assolement triennal ; dans l'assolement quadriennal, bois dur 8 ans, bois blanc 4 ans.

— La Fresnaye.

— A 6 ou 8 ans, suivant sa nature.

— Montmirail.

— A 8 ans, assolement quadriennal pour le bois *mou*.

A 6 ans, assolement triennal, *id*.

A 9 ans, bois dur.

— St-Paterne.

— Bois dur, à 6 ans, assolement quadriennal, par 8 mètres.

A 6 ans, assolement triennal, par 6 mètres.

— Bois blanc, à 6 ans, toujours.

— St-Calais.

—Dans les bordages, à 6 ans ; dans les fermes, à 8 ans, quelle que soit l'essence.

— Bouloire.

— A 6 ans.

— Château-du-Loir, Grand-Lucé, La Chartre.

— **Bois des haies joignant les prés.** — Mêmes règles que ci-dessus.

— Tous les cantons (1).

---

(1) Excepté Le Lude, où la coupe a lieu à 4 ans.

— A volonté, si les haies sont plantées à la distance légale, sinon à 6 ans.

— Bouloire.

— Bois des haies joignant taillis et sapinières.
—— A 9 ans. — Le Mans (3 c.), La Suze, St-Paterne.

— A 7 ans. — Ecommoy.

— En même temps que les taillis. A 6 ans, pour les haies entre bois et sapinières.

— Bouloire.

— Mêmes règles que pour les haies joignant les champs.

— Tous les autres cantons.

— Bois des haies joignant les vignes. — A 4 ans.
— Le Lude, Sablé.

— A 3 ans. — Bouloire, Le Mans (3 c.), Grand-Lucé, Montfort, Tuffé.

— A 5 ans. — La Flèche, Malicorne, Pontvallain.

— A 6 ans. — Ecommoy.

— Mêmes règles que pour les haies joignant les champs.

— Tous les autres cantons.

— Bois des haies joignant cours et jardins. —
A 4 ans. — Fresnay, Le Lude, Sablé.

— A 6 ans. — Bonnétable, Château-du-Loir, La Ferté-Bernard, Malicorne, Tuffé.

— A 3 ans. — Grand-Lucé.

— Pas d'âge fixé. — St-Paterne.

— Tous les ans. Si les haies ont un fossé planté de souches, à 4 ans seulement.

— Conlie.

— Haies des jardins, à 4 ans, si le bois des champs se coupe à 8 ans ; à 3 ans si la coupe a lieu à 6 ans.

Les haies des cours se taillent à 6 ans.

— Ecommoy.

— Si le jardin ou la cour dépend d'une ferme, à 3 ans. C'est annuellement, s'ils dépendent d'une maison bourgeoise.

— Bouloire.

— A 5 ans. — Pontvallain.

— Deux fois dans un bail de 9 ans. — La Suze.

— Tous les ans. — Ballon.

— Même règle que pour les bois des champs.

— Tous les autres cantons.

— **Bois des haies** sur le bord des ruisseaux et des rivières. — A 6 ans.

— Bonnétable, Château-du-Loir, Ecommoy, Grand-Lucé, Montmirail, Montfort, St-Calais, Tuffé.

— A 7 ans, sur le bord des ruisseaux ; à 4 ans, sur les bords des rivières navigables.

— Sablé.

— Deux fois dans un bail de 9 ans.

— La Suze.

— A 3 ans sur les bords de la Sarthe, ailleurs à 5 ans.

— Malicorne.

— A 3 ans. — La Flèche.

— A 4 ans. — Bouloire, Fresnay, Le Lude.

— A l'âge indiqué pour les haies des champs.

— Tous les autres cantons.

— Bois des haies plantées d'ajoncs ou de genêts.

— A 5 ans. — La Flèche, Montmirail, Vibraye.

— Deux fois dans un bail de 9 ans. — La Suze.

— A 4 ans. — Conlie, Fresnay, La Fresnaye, La Ferté-Bernard, Mayet.

— A 3 ans. — Ballon, La Chartre, Le Lude, Malicorne, St-Paterne, Pontvallain (1).

— A 3 ou 4 ans, suivant l'assolement.
— Beaumont, Ecommoy, Montfort, Mamers.

— A la volonté du fermier. — Bouloire.

— A l'âge indiqué pour les haies des champs.
— Tous les autres cantons.

— Coupe des haies mitoyennes. — A l'âge de 6 ans.
— Bouloire, Brûlon, La Fresnaye, Montfort, St-Paterne.

— A l'époque *convenue* entre les deux propriétaires.
— Vibraye.

— Au gré de l'un ou de l'autre des propriétaires.
— La Suze.

— Même règle, pourvu que ce ne soit pas avant 4 ans.
— Le Lude.

— A 5 ans.
— Malicorne.

— Suivant l'assolement, s'il est le même des deux côtés ; sinon, aux époques convenues par les deux propriétaires.
— La Ferté-Bernard.

____

(1) Sauf commune de Noyen, à 5 ans.

— A 9 ans seulement, si d'un côté l'assolement est triennal, et, de l'autre, quadriennal.

— Bonnétable.

— **A 7 ans**, quand elles ne sont pas formées d'épines.

— Pontvallain.

— A l'âge indiqué pour les haies des champs ordinaires.

— Tous les autres cantons.

— **Coupe des ronces et épines.** — Les ronces tous les ans, les épines tous les 2 ans.

— Montmirail.

— En même temps que le bois des haies.

— La Suze.

— A 6 ans.

— Mayet.

— A 4 ans, pendant l'hiver et ras terre.

— Le Lude.

— Celles qui poussent sur les chaintres et dans les champs, à la volonté du fermier ; celles plantées sur les haies en même temps que le bois taillable.

— Conlie, Vibraye.

— Celles des haies et chaintres se coupent en même temps que le bois taillable ; celles qui poussent dans les champs, doivent être détruites hors des labours.

— Tous les autres cantons.

— **Propriété.** — Ronces et épines appartiennent aux colons ou fermiers, sauf l'obligation d'en employer suffisamment pour l'entretien des clôtures et les garnitures des jeunes plants.

— Tous les cantons.

— Les épines sèches appartiennent à l'entrant au 1er mai, qui les coupe après son entrée.

— Ecommoy.

— Sole sur laquelle se fait la coupe. — Quatrième sole, culture quadriennale.

— Troisième sole, culture triennale.

— Le Mans (3e C.).

— Sur gros blés ou guérets préparatoires des orges, avoines, chanvre.

— Conlie.

— Sur blés d'hiver. — Loué.

— Sur sole en blé guéret.

— Ecommoy, St-Calais.

— Sur sole en friches, si l'assolement est quadriennal ; sur gros blés, assolement triennal.

— Bouloire, Montfort.

— Sur la sole en blé ou le guéret pour l'orge.

— Sillé.

— Assolement par tiers sur la première sole, assolement par quart sur la sole qui produit les gros blés.

— Ballon.

— Sur la sole en friche.

— Brûlon, La Suze.

— Sur le blé, assolement triennal. Sur la 2e année de repos, ou le blé, assolement quadriennal.

— Mamers (sauf St-Cosme-du-Vair ou sur sole en friches).

— Sur les gros blés.

— Beaumont, La Ferté, Grand-Lucé, Marolles, Montmirail, St-Paterne, Tuffé.

— Sur blés ou guérets préparés pour l'orge ou l'avoine.

— Fresnay.

— Sur menus grains.

— Château-du-Loir.

— Sur la dernière sole.

— Vibraye.

— *On ne tient aucun compte de l'assolement dans les cantons non indiqués.*

— **Arbres à haute tige émondés au profit du fermier.**

— Osiers, saules et peupliers à 6 ans. — Ballon.

— Ormeaux et peupliers (ceux-ci à 4 ans).

— Conlie (1).

— Peuplier, léard, orme, saule et aulne, en même temps que les haies en hiver.

— La Suze.

— Ormeaux et peupliers, tous les 8 ans. — Loué.

— Souches, pins maritimes et sapins (2), tous les 7 ans.

— La Flèche.

— Peupliers, tous les 5 ans. — Brûlon.

— Souches de chêne, ormeau, léard, peuplier, aulne, saule, frêne, sapin, érable et bouleau, tous les 7 ans.

— Le Lude.

— Peupliers, léards, saules, aulnes, ormeaux, etc., tous les 5 ans (sauf ormeaux à 7 ou 9 ans).

— Malicorne, moins quelques communes.

---

(1) On laisse 4 nœuds au peuplier, une couronne aux ormeaux.
(2) On doit leur laisser trois couronnes et le bouquet.

— Aulnes, léards et sapins, peupliers. — Mayet.

— Souches, aulnes, ormeaux, sapins, jusqu'à 30 ans. — Avant la sève.
— Pontvallain.

—Pin maritime, ormes et frênes. Ces deux essences jusqu'à deux tiers de leur hauteur, à 7 ans.
— Sablé.

— Peupliers (sauf à laisser cinq couronnes), ormeaux, frênes, osiers et aulnes, à 6 ans pour le bois mou; à 6, à 8 ou à 9 pour le bois dur.
— Mamers.

— Ormeaux, aulnes, souches et tilleuls, en même temps que les haies; à défaut de haies, tous les 8 ans.
— La Ferté-Bernard:

— Tous les arbres soumis à l'émondage.
— La Fresnaye.

— Peupliers, saules, osiers, trembles, à 6 ans; ormeaux, 8 ou 9 ans.
— Marolles (1).

— Les souches plantées sur les haies.
— Montmirail.

— Tous arbres dont la tête a été enlevée, le pied seulement des autres.
— St-Paterne.

— Peupliers et aulnes, tous les 6 ans, avec obligation de laisser quatre couronnes.
— Tuffé.

---

(1) On laisse cinq couronnes aux bois mous. Les ormeaux ne s'émondent que sur le tronc et seulement aux trois quarts de la hauteur totale.

— Tous les arbres étêtés nommés trognes ou souches.

— St-Calais.

— Aucun. — Bouloire.

— Souches, peupliers, saules, aulnes et frênes, tous les 6 ans.

— Château-du-Loir.

— Peupliers, aulnes et arbres à tête. — La Chartre.

— Les souches seulement.

— Beaumont, Bonnétable, Ecommoy, Fresnay, Grand-Lucé, Montfort, Sillé, Vibraye.

— Baliveaux que le fermier doit ou non laisser en faisant les coupes.

— Nombre indéterminé, mais il est obligatoire de conserver tous les sujets de belle venue.

— Ballon, Bouloire, Conlie, Ecommoy, Fresnay, La Flèche, Le Lude, Grand-Lucé, Loué, Malicorne, Mayet, Montmirail, Sablé, St-Calais, Tuffé.

— Une souche ou un baliveau par 5 mètres de haie.

— Montfort.

— Un par 3 mètres. — Brûlon.

— Dix baliveaux par 44 ares de terre. — La Suze.

— Le nombre est déterminé par le propriétaire et les sujets sont choisis par lui.

— La Fresnaye.

— Il n'est tenu d'en conserver qu'autant que cela résulte d'une convention *expresse*.

— Beaumont, Bonnétable, Château-du-Loir, La Chartre, La Ferté Bernard, Mamers, Marolles, Pontvallain, St-Paterne, Sillé, Vibraye.

— En principe, il est interdit de transformer les

baliveaux en souches. Il y a exception à cette règle lorsque les arbres à haute tige sont trop rapprochés les uns des autres.

— Conlie.

— Commencement et fin des coupes. —

Epoque de la vidange.

— Depuis février jusqu'à la pousse des feuilles. La vidange se fait en juin.

— Ballon.

— Du 15 novembre au 15 avril. La vidange doit être opérée avant le 1er mai.

— Conlie.

— Du 1er novembre au 31 mai. Vidange du 15 décembre au 15 avril.

— Ecommoy.

En décembre et février. Vidange en mars.

— La Suze.

— En décembre. Vidange doit être terminée le 15 avril.

— Loué.

— En hiver. La vidange doit être opérée au plus tard le 1er avril.

— Montfort.

— Coupe à partir du 1er novembre jusqu'à fin mars. La vidange se fait de suite.

— Sillé.

— Bois blanc en hiver. Chêne avant le 15 avril, brosse avant le 15 mai.

— La Flèche.

— Entre les deux sèves, en hiver. La vidange s'opère du 1er mai au 24 juin.

— Brûlon.

— Coupe à partir du 1er novembre. Vidange avant le 1er mars.

— Le Lude, Malicorne (1), Sablé.

— Du 1er décembre au 1er mars. Vidange terminée le 15 avril.

— Mayet.

— Du 1er décembre au 15 avril (pour essence de brosse jusqu'au premier mai). Les fagots et les bourrées doivent être faits avant le 1er juin. Vidange opérée avant le 24 juin.

— Pontvallain,

— Du 1er décembre au 15 avril. Vidange terminée au 15 septembre.

— Mamers.

— Du 1er novembre au 15 avril. La vidange au moi de mai.

— Beaumont, Marolles.

— Du 1er décembre au 1er avril. Vidange avant le 1er juin.

— Bonnétable, La Ferté-Bernard, La Fresnaye (2).

— Du 1er mars au 15 avril. Vidange terminée le 15 avril.

— Fresnay, St-Calais.

— Du 1er novembre au 1er mars. La vidange doit être opérée au 1er avril.

— Montmirail.

— De la chute des feuilles au 1er avril. La vidange se fait de suite.

— St-Paterne.

---

(1) Pour les haies des taillis, jusqu'à fin juin. Pour les autres haies, jusqu'au 1er mai.

(2) On accorde jusqu'au mois de juillet pour la vidange.

— Du 1er novembre au 1er avril. La vidange avant le 15 avril.

— Bouloire, Château-du-Loir, La Chartre.

— Du 1er décembre au 1er avril. La vidange se fait de suite.

— Tuffé.

— Du 1er décembre au 1er mai. Vidange avant le 15 mai.

— Grand-Lucé.

— Coupe et vidange, avant la sève.

— Vibraye.

— **Attribution des coupes** (1). — Le sortant au 1er novembre, a la coupe de l'hiver qui précède la sortie. L'entrant a la coupe de l'hiver qui suit.

Le sortant, au 1er mai ou à Pâques, a la coupe d'hiver qui précède la sortie.

— Généralement accepté.

— Il y a partage par moitié, à l'exception des épines qui restent exclusivement au sortant.

L'entrant toutefois rembourse les frais d'émondage de sa part.

— Pontvallain, Sablé (2).

— **Écorce et Charbon** — L'écorcement est permis au colon, sur les truisses de chênes, mais avant le 1er juin. Les branches sont immédiatement détachées du tronc.

— Le Lude.

---

(1) Le fermier n'est pas obligé de consommer sur place la part qui lui est attribuée.

(2) Excepté dans les communes de La Fontaine et de St-Jean-de-Mancigné, où le sortant prend tout.

— L'écorçage est défendu.

— Ballon, Conlie, La Flèche, La Fresnaye, La Ferté-Bernard, La Chartre, Montfort, Marolles, Pontvallain, St-Calais, Sillé, Tuffé.

— *Id*.... Il est défendu également de faire du charbon avec le bois des haies et souches.

— Brûlon, Bonnétable, Bouloire, Château-du-Loir, Ecommoy, Grand-Lucé, La Suze, Loué, Malicorne, Mayet, Mamers, Sablé, St-Paterne.

— Le fermier peut faire du charbon, en prenant soin de ne pas nuire à la pousse des haies et souches.

— Conlie, La Fresnaye, La Ferté-Bernard, La Chartre, Montfort, Marolles, St-Calais, Sillé.

— On accorde jusqu'à Noël pour faire le charbon.

— Fresnay.

— ... Jusqu'en septembre ou octobre.

— Marolles.

— **Coupes avancées ou retardées.** — Interdites.

— Tous les cantons.

— **Bois taillis.** — **Coupe.** — A neuf ans.

— Beaumont, Brûlon, Grand-Lucé, Le Mans (3e C.), Le Lude, Marolles, La Fresnaye.

— A 12 ans.

— Ballon, Bouloire, Bonnétable, Montfort, Montmirail, Tuffé.

— A 8 ans.

— Conlie, Loué.

— A 8 ou 9 ans, essence de chêne ; à 6 ou 8 ans, essence de châtaignier.

— Ecommoy.

— A 7 ans, si les bois dépendent de ferme à bordage, sinon suivre l'aménagement établi.

— Sablé.

— A 7 ou 9 ans.
— La Flèche.

— A 9 ans, si le chêne domine ; à 7 ans, si c'est le châtaignier.
— Pontvallain.

— A 9 ans, si le taillis est considérable, sinon en même temps que le bois taillable.
— St-Paterne.

— A 6 ans.
— La Chartre.

— A 9 ans, dans les bas fonds (essence de chêne); à 6 ans dans les autres. — Si les châtaigniers, coudriers, marsaules et autres dominent, à 6 ans.
— Château-du-Loir.

— A 9 ou 10 ans.
— Fresnay, Vibraye.

— A 8, 9 et 12 ans.
— Mamers.

— A 9 ans, si le taillis dépend d'un lieu composé, sinon à 12 ou 15 ans.
— Fresnay, La Suze.

— A 9 et 15 ans.
— Malicorne.

— A 7, 9 et 11 ans.
— Mayet.

— A 8 ou 9 ans, suivant l'assolement.
— La Ferté-Bernard.

— A 8 et 10 ans, pour les taillis destinés à faire des fagots et des bourrées ; à 12 et 16 ans, pour les bois destinés à faire l'écorce et le charbon ; essence de châtaignier, à 6 ou 7 ans.
— St-Calais.

— Les bois taillis, à 8 ans, s'ils dépendent d'un lieu composé ; à 8 ou 10 ans, pour les autres.

— Sillé.

— **Coupe des bois vendus au stère, et des fagots et bourrées. — Epoque de la vidange. —** Pour ces travaux, on accorde un an.

— Ballon.

— Le bois vendu au stère, doit être coupé le 15 avril, enlevé le 1er novembre.

Les fagots et bourrées faits avant le 1er juin, doivent être enlevés du taillis avant le 24 du même mois.

— Conlie, Pontvallain (2e règle. Pour les bois de souche, pendant l'hiver).

— Du *1er novembre* au *31 mars*, excepté pour le *chêne franc*, on accorde jusqu'au 15 avril. La vidange doit être terminée le 1er mai.

— Ecommoy.

— Elle commence au 1er novembre, jusqu'à la sève. Vidange doit être terminée le 24 avril.

— La Suze.

— Coupe pendant l'hiver. Vidange avant fin de juin.

— Loué.

— Coupe en hiver. Vidange opérée avant le 1er avril.

— Montfort.

— Coupe après le 1er novembre ; la vidange se fait au cours de l'année et de l'automne.

— Sillé.

— Coupe avant la sève. Vidange avant le 25 mai.

— La Flèche.

— Coupe avant la sève. Vidange avant le 1er mai.

— Brûlon.

— Coupe du 1er novembre au 1er mars. Vidange terminée avant le 1er avril.

— Le Lude.

— Coupe du 1er novembre au 1er mai. Vidange fin de juin.

— Malicorne.

— Coupe du 1er décembre au 1er avril. Vidange au 15 avril.

— Mayet.

— Coupe des bois de souche, de décembre au 15 avril suivant. En juillet, bourrées d'été et la hanoche pilée. La vidange s'opère en septembre ou octobre.

— Sablé.

— Coupe du 1er décembre au 15 avril. Vidange avant le 15 juin.

— Mamers.

— Du 1er novembre au 15 avril. Vidange avant le 15 juillet.

— Beaumont.

— Du 1er novembre au 1er décembre. Vidange avant le 1er juin.

— Bonnétable.

— Du 1er mars au 15 avril. Vidange avant le 15 mai.

— Fresnay.

— Du 1er décembre au 15 avril. Vidange fin de mai ou le 1er août.

— La Ferté-Bernard.

— Du 1er décembre à la fin de mars. Vidange avant fin de juillet.

— La Fresnaye.

— Du 25 décembre au 15 avril. Vidange avant le 1er juin.

— Marolles.

— Du 1er décembre au 1er avril. Vidange fin de mai.

— Montmirail.

— Avant le 1er avril. Vidange avant le 24 juin.

— St-Paterne.

— Du 1er décembre au 15 avril. Vidange jusqu'au 1er mai ; si on fait de l'écorce, jusqu'au 15 juin.

— Tuffé.

— Jusqu'à fin de mars. Vidange avant fin de mai.

— St-Calais.

— Du 1er décembre au 1er avril. Vidange jusqu'au 24 juin.

— Bouloire.

— Du 1er novembre au 15 avril. Vidange opérée avant le 15 mai.

— Château-du-Loir.

— Du 1er décembre au 1er avril. Vidange jusqu'au 15 avril.

— La Chartre.

— Du 1er décembre à la fin d'avril. Vidange jusqu'au 15 mai..

— Grand-Lucé.

— Du 15 décembre au 15 mars, mais la coupe doit être suspendue pendant la gelée. Pour la vidange, on suit le Code forestier.

— Vibraye.

— **Nombre de baliveaux à laisser.** — 20 par hectare.

— Le Lude.

— **24.** — Château-du-Loir, Grand-Lucé, La Chartre.

— **30.** — Mamers, Marolles, Montmirail.

— **32.** — Bonnétable, Bouloire, Conlie, Fresnay, La Ferté-Bernard, La Fresnaye, La Flèche, La Suze, Montfort, Sablé, St-Calais, Sillé, Vibraye.

— **40.** — Loué.

— **50.** — St-Paterne.

— Pas de nombre déterminé.
— Ballon, Pontvallain, Tuffé.

— **Ecorce et charbon.** — Il est interdit d'en faire.
— Brûlon, Ecommoy, Grand-Lucé, La Suze, Mamers, Malicorne, Mayet, Montmirail, Sablé, St-Paterne.

— Le fermier peut faire de l'écorce — non du charbon.
— Bonnétable, Bouloire, Château-du-Loire, Conlie, Fresnay, La Chartre, La Ferté, La Flèche, La Fresnaye, Le Lude, Loué, Marolles, Montfort, Pontvallain, St-Calais, Sillé.

— La fabrication d'écorce et de charbon est autorisée.
— Ballon, La Suze (1), Tuffé, Vibraye.

— Il n'y a pas d'époque fixe pour faire écorce et charbon.
— Ballon.

— Ils doivent être faits avant le 1er avril.
— Montfort.

— Avant la vidange des bois.
— Bouloire, La Chartre, La Flèche, Pontvallain.

— Pour le charbon, pas de délai ; pour l'écorce, avant le 15 juin.
— Tuffé.

---

(1) S'il peut abattre le bois à 15 ans.

— Pour l'écorce, avant le 1er juin; pour le charbon, on a jusqu'au printemps de l'année suivante.
— Vibraye.

— Pour l'écorce, avant le 1er juin.
— Le Lude.

— Pour le charbon, on accorde jusqu'au 1er avril de l'année qui suit la coupe du bois.
— Conlie.

— L'écorçage et la vidange doivent être terminés avant le 1er août. La cuisson du charbon se fait de septembre à novembre.
— La Ferté-Bernard.

— L'écorçage, en avril ou mai (premiers jours); la vidange, en juin ou juillet.
— St-Calais.

— Le charbon se fait jusqu'à Noël.
— La Fresnaye.

— L'enlèvement du charbon au 1er septembre.
— Bonnétable.

— Le charbon se fabrique en mai.
— Fresnay.

— L'écorçage en mai; la cuisson du charbon en septembre.
— La Suze.

— On fait cuire le charbon jusqu'en septembre et octobre.
— Marolles.

— Le charbon doit être fait et enlevé au 1er novembre.
— Sillé.

— Introduction des voitures dans les taillis.

— Interdite absolument.

— Bouloire, Conlie, Fresnay.

— Tolérée.

— Bonnétable, Brûlon, Château - du - Loir, Grand - Lucé, La Suze, La Chartre, Loué, La Fresnaye, La Flèche, 1 ; Mamers, Montfort, Montmirail, Malicorne, Mayet, Sillé, Sablé, St-Paterne, Tuffé.

— Permise pendant le temps de la vidange, mais obligation de suivre les allées.

— Ballon, Ecommoy, St-Calais, La Ferté-Bernard, Pont-vallain.

— Permise jusqu'au 1er juin. — Beaumont.

— Interdite s'il existe des allées charretières.

— Le Lude (1), Marolles.

— Permise jusqu'à la pousse de printemps.

— Vibraye.

Feuilles, glands, gazons, faînes, bois mort.

— Le fermier peut prendre les feuilles vertes des ormeaux et coudriers, conformément aux règles de l'érussage.

— Brûlon, Bonnétable, Ballon, Bouloire, Conlie, Ecommoy, Grand-Lucé, La Suze, La Flèche, Le Lude, Malicorne, Mayet, Mamers, Montfort, St-Calais, Vibraye.

— Le fermier ne peut prendre que les feuilles d'ormeaux.

— Grand-Lucé, La Fresnaye, Sablé.

— Il peut enlever glands et faînes.

— Bonnétable, Brûlon, Bouloire, Ecommoy, Fresnay, La Flèche, Malicorne, Mayet, Mamers, Marolles, St-Paterne, St-Calais, Vibraye.

---

(1) On doit museler les bêtes de trait.

— Il peut en outre prendre les gazons.

— Brûlon, Bonnétable, Grand-Lucé, La Flèche, Mamers, Mayet, Marolles, St-Calais, Vibraye.

— Si le bois taillis est affermé avec un corps de ferme, le fermier peut enlever les feuilles mortes. Si le taillis est loué isolément, le fermier doit les laisser.

— Conlie.

—Le fermier ou colon peut enlever les feuilles sèches avec charge de s'en servir pour litières et engrais.

— Ballon, Brûlon, Bonnétable, La Ferté-Bernard, Loué, Mamers, Montfort, St-Calais, St-Paterne, Vibraye.

— Le fermier ou colon ne peut enlever les feuilles sèches que dans l'année de la coupe.

— Malicorne, Pontvallain.

— Le bois mort se coupe à volonté.

— Ballon, Brûlon, Conlie, Le Lude, La Flèche, Mamers, Sillé.

— Le bois mort se coupe en hiver.

— Loué, Montfort.

— En même temps que le bois taillis. — Sablé.

— **Pacage dans les taillis.** — On peut faire paître dans les coupes âgées de 4 ans, tous animaux, sauf boucs, chèvres, moutons. Du *1er juin au 15 mars.*

— Conlie.

— ...Les chevaux seulement, dans les coupes de 6 ans de sèves.

— Ballon, Grand-Lucé, Montfort.

— Les chevaux seulement, dans les sèves de 7 ou 8 ans.

— St-Paterne

— Les chevaux..., du 1er novembre au 1er mars.

— Tuffé.

—Les chevaux..., dans les sèves de 4 ans et 1 mois.
— Brûlon.

— *Id*...; mais dans les coupes âgées de 3 ans et d'une poussée de printemps.
— La Flèche, Le Lude, Malicorne.

— Les chevaux et vaches, après 6 ans de sèves.
— Montmirail.

— Tous les bestiaux, après 6 ans de sèves, à l'exception des boucs, chèvres et moutons.
— La Suze, Vibraye.

— Les chevaux et moutons, dans les sèves de 5 ou 6 ans.
— Loué.

— Dans les sèves de 4 ans, tous les bestiaux, excepté boucs, chèvres, moutons.
— Beaumont.

— L'espèce bovine et chevaline, dans les sèves de 4 ans.
— Mamers.

— Le pacage est autorisé dans les bois de 5 ans.
— Pontvallain.

BORDAGE. — Exploitation agricole qui ne diffère de la ferme que par son importance.

BORDIÈRE. — Terrain laissé sur le bord des fossés du côté du voisin.

BORNAGE. — Opération qui consiste à délimiter les propriétés.

— Elle se fait, en cas de différend, par le juge de paix ou à l'amiable par les parties.
— Généralement accepté.

BOUCS ET CHÈVRES. — Élevage. — Interdit.

— Beaumont, Bouloire, Ballon, Fresnay, La Suze, Montfort, Mamers, Sablé, Tuffé, Vibraye.

— On tolère une ou deux chèvres, mais non les boucs.

— Le Lude, St-Calais.

— L'élevage est autorisé pour les boucs et chèvres ; mais le fermier est responsable du dommage causé par eux.

— Brûlon, Bonnétable, Château-du-Loir, Conlie, Ecommoy, Grand-Lucé, La Flèche, La Fresnaye, La Ferté-Bernard, Loué, La Chartre, Montmirail, Malicorne, Mayet, Marolles, Pontvallain, St-Paterne, Sillé.

BRUYÈRES. — Coupe. — Age et Époque. — La coupe se fait en même temps que celle des bois où elles se trouvent.

— Brûlon, Conlie, St-Calais, Sablé.

— A 2 ans. — La Suze.

— A 3 ans.
Bonnétable, Brûlon, Conlie, Ecommoy, La Suze, La Flèche, Montmirail, Pontvallain.

— A 3 ou 4 ans.

— Ecommoy, Grand-Lucé, Le Lude, Montfort, St-Paterne.

— A 4 ans.

— Malicorne (sauf quelques communes où la coupe a lieu à 3 ans).

— A 5 ans, pendant l'hiver. — Bonnétable.

— A la volonté du fermier.

— La Ferté, Loué, Vibraye.

— En avril ou mai. — Ballon.

— Pendant l'hiver. — Mayet.

— (Celles qui viennent dans les sapinières) lors de l'éclaircissement des sapinières.

— Sablé.

— Du 24 juin au 8 septembre. — Pontvallain.

— A la volonté du fermier, en tout temps.

— Bouloire, Loué, La Ferté-Bernard, Vibraye.

— En hiver. — Brûlon, Mayet.

— Au printemps, par tiers ou par quart.

— Ecommoy.

— Du 1er mai au 1er août. — Conlie.

— Entre les coupes de bois, le fermier ne peut les arracher qu'à la main et seulement pour en faire de sa litière ou des engrais.

— Ballon, Bouloire, Conlie, Fresnay, Grand-Lucé, Loué, La Ferté, Malicorne, Montfort, Sablé, St-Paterne, Vibraye.

— **Emploi.** — On s'en sert comme litières ou comme engrais.

— Généralement accepté.

— Il est interdit d'en brûler même pour les besoins du ménage.

— Brûlon, Bonnétable, Bouloire, Ecommoy, Fresnay, La Flèche, Malicorne, Mayet, Montfort, Pontvallain, Sablé.

— Il est permis d'en brûler lorsqu'elles ont plus de trois ans.

— La Suze, Montmirail.

— La bruyère *pure*, c'est-à-dire non mélangée d'herbes, peut être employée pour chauffer le four.

— La Ferté, St-Paterne, Vibraye (sans distinction).

— Il est permis d'en brûler pour chauffer le four, afin de sécher le chanvre.

— Ballon.

— Enlèvement et vente. — Interdits au fermier.

— Tous les cantons, sauf Sablé.

Fermier sortant. — Le sortant n'a droit à aucune portion de bruyères.

— Ballon, Bouloire, Fresnay, La Suze, La Flèche, La Ferté, Grand-Lucé, Montmirail, Malicorne, Vibraye.

— Il a droit à la bruyère pure qui se brûle.

— St-Paterne.

— Le sortant peut en user jusqu'à sa sortie.

— Loué, Le Lude, Mayet.

— Le sortant au 1er novembre peut en user jusqu'à sa sortie, mais non celui du 1er mai.

— Bonnétable.

— Le sortant a le droit d'en prendre ce que bon lui semble pour faire des litières ou de la brûler.

— Conlie.

— En février ou mars, avant son entrée.

— La Suze.

— Du 1er janvier au 1er mai, si l'entrée a lieu au 1er mai ; à partir du 24 juin, si l'entrée a lieu au 1er novembre.

— Pontvallain.

— Dès le commencement de l'hiver.

— La Flèche.

— Dès le 1er janvier, pour l'entrant au mois de mai.

— Bonnétable.

— Pendant l'hiver. — Sablé.

— Avant le 1er novembre. — Conlie.

— L'entrant peut venir ramasser les bruyères, trois mois avant son entrée.
— Malicorne.

— L'entrant ne peut ramasser les bruyères qu'après la sortie de son prédécesseur.
— Ballon, Bouloire, La Ferté, Montfort, Mayet, Montmirail, Grand-Lucé, Vibraye.

BRUMALES. — Se coupent à 7 *ans* et servent au chauffage.
— La Flèche.

C

CENDRES. — Propriété. — Elles restent sur la ferme ; le fermier ou le colon ne peut ni les vendre ni les enlever.
— Malicorne, Montmirail, Sablé, Vibraye (*sauf quelques communes*).

— Le fermier a le droit d'en disposer comme il l'entend, quelle que soit la provenance du bois (1).
— Ballon, Beaumont, Bonnétable, Bouloire, Brûlon, Château-du-Loir, Conlie, Fresnay, La Chartre, La Fresnaye, La Ferté, La Flèche, La Suze, Grand-Lucé, Le Lude, Loué, Mamers, Marolles, Mayet, Montfort, Pontvallain, St-Paterne, St-Calais, Sillé, Tuffé.

CHAINTRES. — Portion de terre laissée libre le long des haies.
— La largeur est indéterminée.

---

(1) Les cendres provenant de l'écobuage restent sur les lieux.

— **Culture** (des). — Elle est autorisée; mais le fermier doit prendre des précautions pour ne pas nuire aux arbres.

— Généralement observé.

— La culture en est obligatoire.
— Le Lude.

— Si les haies sont mitoyennes, chaque propriétaire peut cultiver de son côté, à l'exception d'une bande de 50 centimètres qui doit rester intacte de chaque côté des deux haies, mesurée à partir du centre.
— Ballon.

— **Largeur.** — Un mètre au plus.
— La Flèche.

— **Terres provenant des chaintres.** — Elles doivent être étendues sur les champs par le fermier, avec sa voiture. — Si, pour cette opération, il se sert d'une brouette, les frais sont payés par moitié. — Le béchage est fait par le propriétaire.
— Grand-Lucé.

CHAMBRES GARNIES. — Mode de location. — Au mois.
— Conlie, La Flèche, La Suze, Montfort, Pontvallain, Sablé.

— Au mois ou à l'année. — Le Lude.

— **Visite.** — Le locataire, qui quitte une chambre garnie, doit souffrir qu'on la visite pendant la quinzaine qui précède son départ.

— Conlie, La Flèche, La Suze, Montfort, Pontvallain, Sablé.

— ... Pendant tout le mois qui précède son départ.
— Le Lude.

— ...De onze heures du matin à cinq heures du soir.
— La Flèche.

— De dix heures du matin au coucher du soleil, sauf pendant les repas du locataire.
— Conlie.

— Seulement aux heures fixées par le locataire.
— Le Lude, Montfort.

CHANVRE. — Rouissage. — Les conditions dans lesquelles cette opération peut être effectuée, ont été réglées par arrêté de M. le préfet de la Sarthe, en date du 26 août 1854.

— **Débris de chanvre** (chénevottes, grettes, égrettes).

— Les égrettes sont considérées comme engrais : le fermier sortant ne peut les emporter. Il n'y a d'exception que pour les égrettes qui proviennent du chanvre mâle, parce que le fermier sortant ne peut pas le broyer avant son départ.
— Le Mans (3e C.).

— Le fermier n'a pas le droit de disposer des égrettes au cours de son bail : il doit les consommer sur place.
— Conlie.

— Le fermier sortant doit employer les égrettes à faire des litières ou comme engrais sur le lieu. Il a aussi la faculté de les brûler.
— Ballon, Beaumont, Bonnétable, Bouloire, Brûlon, Commoy, Grand-Lucé (1), La Flèche, La Suze, Le Lude, Mayet, Sablé, St-Calais.

— Il est interdit de les brûler; elles doivent être employées comme engrais ou litières.
— Bouloire, La Chartre, Loué, Malicorne, Montmirail, Montvallain, Vibraye.

---

(1) Sauf le droit de les brûler.

— Les grosses égrettes peuvent seules être brûlées.
— St-Paterne.

— Elles sont considérées comme combustible. — Le fermier en use à son gré.
— Montfort.

— Le fermier a le droit d'en brûler la moitié pour sécher son chanvre.
— Mamers.

— Le fermier dispose à son gré des égrettes du chanvre non broyé qu'il emporte de la ferme.
— Sillé.

— **Broyage.** — Il se fait sur les lieux, obligatoirement.
— Beaumont, Grand-Lucé, Le Lude, St-Calais, St-Paterne, Tuffé, Vibraye.

— Le fermier sortant peut emporter son chanvre non broyé.
— Ballon, Bonnétable, Bouloire, Brûlon, Ecommoy, La Ferté, La Flèche, Loué (1), Malicorne, Mamers, Marolles, Mayet, Montmirail, Montfort, Sablé.

— Le sortant au 1er novembre a un délai de deux mois après sa sortie, pendant lesquels il peut disposer du four de la ferme ou du fourneau à sécher le chanvre. Il fournit le bois, mais emporte les cendres.
— Conlie.

CHARRÉES. — **Propriété.** — Elles appartiennent absolument au fermier ; il peut les vendre ou les enlever à sa sortie.
— Ballon, Beaumont, Bonnétable, Bouloire, Brûlon, Château-du-Loir, Ecommoy, Fresnay, Grand-Lucé, La Ferté, La Fresnaye, La Suze, Mamers, Marolles, Mayet, Pontvallain, St-Calais, St-Paterne, Sillé, Tuffé.

---

(1) Mais il doit rapporter les égrettes sur le lieu.

— Elles appartiennent à la ferme et doivent y rester.

— La Chartre, La Flèche, Le Lude, Loué, Montfort, Montmirail, Sablé, Vibraye.

— Même règle que ci-dessus, sauf le cas où le fermier a fourni le bois.

— Malicorne (1).

CHARROIS. — A moins de conventions spéciales, le fermier n'est tenu à aucun charroi gratuit pour son propriétaire; il n'est point obligé d'approcher sans rétribution les matériaux nécessaires aux réparations.

— Généralement accepté.

— Le fermier doit conduire à pied d'œuvre tous les matériaux nécessaires aux réparations et réfections, et cela sans qu'il soit besoin de stipulation.

— Ballon, Sablé, Vibraye.

— La même obligation existe pour les simples réparations et non pour les réfections et réparations nouvelles.

— Le Lude.

CHAUMES. — **Hauteur.** — L'usage est de n'en pas laisser. On coupe les blés ras terre.

— Beaumont, Bouloire (2), Fresnay (3), La Fresnaye, Mamers, Marolles, Montmirail, St-Paterne, Vibraye (4).

— On le coupe à 8 centimètres.

— Ballon, Bonnétable, Montfort.

---

(1) Excepté quelques communes qui n'admettent aucune exception à la règle rappelée.

(2) Sauf dans la commune de Tresson, où on laisse des chaumes de 33 centimètres.

(3) Sauf quelques communes.

(4) Sauf dans les communes de Valennes (où le chaumé a 30 cent.) et de Berfay (où il a 22 cent.).

— A 10 centimètres. — Tuffé.

— A 11 centimètres. — La Ferté-Bernard.

— Le fermier sortant au premier novembre, a le droit, dans l'année de sortie, de laisser du chaume. Il appartient à l'entrant.

— Le Mans (les 3 c.).

— Le sortant au 1er novembre ou au 1er mai peut laisser du chaume ; il doit avoir le tiers de la hauteur de la paille.

Le sortant au 1er novembre le coupe et le ramasse avant sa sortie pour l'entrant.

En cas de départ au 1er mai, c'est à l'entrant qu'incombe ce soin pour le chaume de la récolte qui suit son entrée en jouissance.

— Conlie.

— Le sortant au 1er novembre coupe les retours à chaume perdu, à 9 ou 12 cent. du sol ; les blés guérets, à 40 ou 50 centimètres.

C'est l'entrant au 1er novembre qui coupe les chaumes des gros blés et les met en barge.

— La Suze.

— Le sortant au 1er novembre laisse les chaumes à une hauteur qui varie d'après la qualité de la récolte.

Il a charge de les couper, de les charroyer et de les embarger avant le 1er octobre.

— Loué.

— Le chaume doit avoir les deux tiers de la hauteur du blé.

Le sortant au 1er novembre en laisse dans les blés guérets, mais non dans les retours.

La coupe est à la charge de l'entrant.

— Ecommoy.

— Le chaume doit avoir un tiers de la longueur de la paille, depuis la racine jusqu'à l'épi.

— Sillé.

— Le sortant laisse des chaumes de 33 cent. dans les guérets. Ils sont à l'entrant, qui doit les couper et les enlever avant le 8 septembre.

— La Flèche.

— Le sortant au 1er novembre a droit au sixième du chaume de la récolte qui précède sa sortie, et, après l'avoir coupé, il peut y faire pacager ses bestiaux. L'entrant a le surplus ; mais il doit le couper et l'enlever avant le 8 septembre.

Le sortant a le choix du chaume.

Le sortant au 1er mai n'est tenu de laisser qu'un sixième des chaumes de l'année précédente.

La hauteur du chaume est du tiers de celle des blés.

— Sablé.

— La hauteur du chaume varie suivant la longueur de la tige (30 ou 33 centimètres, 20 ou 25), et, si la paille est trop courte, le fermier n'est pas tenu d'en laisser.

L'entrant doit le couper avant le 8 septembre, sinon le sortant peut les faire pacager. Celui-ci du reste a droit à un quart.

— Brûlon.

— ... De 30 à 40 cent. — L'entrant les coupe 20 jours au plus tard après l'enlèvement des blés.

— Le Lude.

— On laisse des chaumes aux blés guérets ; ceux en retour sont coupés ras terre.

— Malicorne.

— Le sortant au 1er novembre peut laisser du chaume aux blés guérets, il est ramassé par l'entrant avant le 15 août.

Si le sortant ne laisse pas de chaume, il doit scier le blé à 10 ou 12 centimètres du sol.

Le sortant au 1er mai peut aussi laisser des chaumes dans les blés de l'arrière-récolte ; mais il doit les faucher et les charroyer, au plus tard le 8 septembre.
— Pontvallain.

— Le chaume doit avoir un tiers de la hauteur du blé ; l'entrant le fauche et le ramasse.
— Mayet.

— Pour les gros blés, le sortant doit laisser du chaume égal au tiers de la hauteur de la paille ; il est ramassé par l'entrant.
— St-Calais.

— ... Un quart de la hauteur du blé; il est ramassé par l'entrant.
— La Chartre.

— ... De 22 à 41 centimètres, et laissé debout.
— Château-du-Loir.

— ...25 centimètres et plus, s'il est possible.
— Grand-Lucé.

CHAUX. — Emploi.—L'emploi de la chaux vive est interdit : on doit la mélanger un mois à l'avance avec du terreau ou de la terre végétale (1 mètre cube de terre pour 1 hectolitre 33 litres de chaux).

L'entrant au 1er novembre peut en déposer dans les champs dès le 1er juillet.
— Conlie.

— On en met 23 à 24 hectolitres par hectare.
— Sillé.

— 10 hect. sur 100 hect. de terre par hectare, et le chaulage ne peut avoir lieu qu'une fois dans le cours d'un bail de 6 ans.
— Montfort.

— La chaux doit être battue deux fois avant d'être
employée, la première 15 jours au plus tard après le
mélange avec les terreaux.

Le sortant ne peut prendre de terre ou de gazon
pour ce mélange que dans les champs destinés à son
dernier ensemencement.

S'il est obligé par son bail à mettre annuellement
une certaine quantité de chaux, l'entrant doit lui
rembourser le prix des deux tiers, après justification.

— Sablé.

— **Paiement** (col. part.). — Deux tiers par le propriétaire, un tiers par le colon qui, en outre, fait le
charroi.

— La Flèche, le Lude, Malicorne, Sablé, Sillé.

— Moitié par moitié.

— Brûlon, Conlie, St-Calais.

CHEMINÉE. — Distance. — Mur mitoyen.
— On peut y adosser une cheminée.

— Le Mans (les 3 c.)

— **Mur non mitoyen.** — Il faut construire un
contre-mur de 33 cent.

— Le Mans (les 3 c.).

— **Mur mitoyen on non.** — Il faut un contre-mur
de 16 cent.

— Ballon, Bonnétable (1), Pontvallain.

— Il faut un contre-mur de tuileaux de 16 cent. 1/2,
ou une plaque de fonte.

— Conlie, Montfort (2), Sablé (2).

---

(1) Ou une plaque en fonte.
(2) On ne peut remplacer le contre-mur par une plaque qu'autant
que le mur auquel s'adosse la cheminée a 50 cent. d'épaisseur.

— Le contre-mur est d'un sixième de mètre.
— La Suze.

— Un contre-mur de 10 cent. suffit.
— Sillé.

— Le contre-mur doit être de 17 cent., et s'élever jusqu'au manteau de la cheminée. On le remplace à volonté par une plaque.
— Bouloire.

— **Mur mitoyen.** — Une brique sur plat suffit.
— Montmirail.

— **Mur non mitoyen.** — Il faut un contre-mur de 50 centimètres.
Montmirail.

— Il faut un contre-mur en briques de 15 à 20 cent. ou une plaque en fonte.
— Fresnay.

— Le contre-mur doit avoir 112 millim.
— Grand-Lucé, Malicorne.

— Si le mur est mitoyen, il n'est besoin de rien ; s'il ne l'est pas, il faut acheter la mitoyenneté.
— La Flèche.

— Si le contre-mur est en briques, une épaisseur de 11 cent. suffit ; s'il est en maçonnerie ordinaire, il faut 28 cent.
— La Ferté-Bernard.

— La largeur du contre-mur n'est pas déterminée ; mais il en faut un.
— Brûlon, Fresnay, Vibraye.

— On construit un contre-mur d'un demi-pied (art. 189 de la cout. de Paris).
— Beaumont, La Chartre, Marolles, St-Paterne.

— On donne au contre-mur une épaisseur à la base de 16 cent., et on la réduit successivement.
— St-Calais.

— Ramonage. — *V.* Réparations locat.

CHÉNEVOTTES. — *V.* Chanvre.

CHÉNEVRIL. — Pièce de terre destinée spécialement à la culture du chanvre.
— Grand-Lucé, St-Calais, Vibraye.

V. Clos à chanvre.

CHENILLES. — *V.* Echenillage.

CHEPTEL. — S'il a été formé un cheptel sans indication de têtes de bétail, le propriétaire a le droit de choisir les animaux qu'il doit recevoir du fermier lors de la restitution.
— Sablé.

CHEVAUX. — **Essayage.** — *V.* Vente en foire.

— Louage. — Lorsque les chevaux, loués à la journée, sont rendus après les heures ci-après fixées, il est dû au maître un supplément de prix.
Ils doivent être rendus :

— Avant minuit.
— Grand-Lucé, La Chartre, Le Lude, Montmirail, Pontvallain, St-Calais.

— Avant 11 heures du soir.
— Ballon, La Suze, Mamers (1), Sillé.

---

(1) De 11 heures à minuit, il a droit à une demi-journée de supplément ; après minuit, il a droit à une journée..

— Avant 10 heures du soir.

— Beaumont, Bonnétable, Brûlon, Conlie (1), Ecommoy (1), Fresnay (1), La Ferté, La Flèche, La Fresnaye, Le Mans (les 3 c.), Marolles, Mayet, Montfort, Sablé, Tuffé, Vibraye (1).

— Les règles ci-dessus ne s'appliquent pas aux chevaux employés aux travaux agricoles ; ceux-ci doivent être rendus à la chute du jour.

— Généralement accepté.

CHÈVRES. — *V.* **Boucs.**

CHIENDENT. — Destruction. — Obligatoire, à peine de dommages-intérêts.

— Brûlon, Ecommoy, La Flèche, La Suze, Le Lude, Loué, Montfort, Sillé.

CHOUX VERTS. — Quantité due par le sortant à l'entrant.

— 100 par 44 ares ensemencés en gros blé.

— Beaumont, Bonnétable, Conlie, Ecommoy, Loué, Mamers (2), Marolles, Mayet, Montmirail, Tuffé.

— 100 par 66 ares de gros blé.

— Château-du-Loir, Grand-Lucé, La Chartre.

— 150 par hectare de gros blé. — St-Calais.

— 200 par 44 ares de gros blé.

— Bouloire, La Suze, Pontvallain.

— 225 par hectare de gros blé.

— Ballon, Brûlon, La Ferté-Bernard, Sillé.

— 230 par hectare de gros blé. — La Flèche.

— 400 par hectare de gros blé. — Sablé (3).

---

(1) Après 10 heures, le loueur peut exiger une journée de supplément.

(2) Au cas seulement où il en a trouvé à son entrée.

(3) Le sortant au 1er mai est dispensé d'en laisser.

— 450 par hectare de gros blé. — Montfort.

— 500 par hectare ensemencé en gros blé.
— Le Mans (les 3 c.).

— 1000 par 6 hectares de terre. — Le Lude.

— Le nombre varie avec chaque commune.
— Malicorne.

— Nombre indéterminé. — Vibraye.

— La quantité laissée par le sortant doit être égale à celle qu'il a trouvée à son entrée.
— Fresnay, La Fresnaye, St-Paterne.

Nota.—Ces choux doivent être plantés aux époques usitées dans les différents cantons.

— **Plantations de choux permises à l'entrant.**

— L'entrant au 1ᵉʳ mai a le droit d'en planter, dès le 1ᵉʳ décenbre, dans les parties du jardin non ensemencées. Il est autorisé à se servir du fumier de la ferme.
— Conlie.

— L'entrant au 1ᵉʳ mai en plante, à partir de février, dans les jardins.
— Loué.

— Il peut faire ces plantations dès le mois de novembre.
— Sillé.

— L'entrant au 1ᵉʳ mai peut planter, à partir du 1ᵉʳ novembre, 200 choux poitevins ou cavaliers par hectare de gros blé. Il fume avec l'engrais du lieu.
— Sablé.

— L'entrant au 1ᵉʳ mai peut planter 100 jeunes

chòux verts par 44 ares de gros blé. Il fume avec les engrais du lieu.
— Mamers.

— L'entrant au 1er mai peut planter dès le 1er janvier.
— Pontvallain.

— ... Dès le mois de novembre ou de décembre.
— La Flèche.

— ... Dès le 1er novembre. — Le Lude.

— Il faut à l'entrant la permission du sortant.
— Bonnétable, Bouloire, Brûlon, Château-du-Loir, La Chartre, La Ferté - Bernard, La Fresnaye, La Suze, Grand-Lucé, Mayet, Montfort, Montmirail, St-Calais, Tuffé, Vibraye.

CIDRE. — Fabrication (col. part.). — Le colon doit faire le cidre au fur et à mesure de la maturité des fruits.
— Grand-Lucé, Sablé.

— **Petit cidre.** — Le colon ne peut en faire.
— Sablé.

— La fabrication en est tolérée.
— Ballon, Brûlon, Grand-Lucé, Le Lude.

— **Partage des fruits.** — Les fruits sont partagés en nature, et le colon fait son cidre suivant sa volonté.
— Sillé.

V. **Fruits, Marcs, Pressoir, Tonneaux.**

CITROUILLES. — Consommation. — Elle a lieu sur place, le sortant ne peut ni les vendre, ni les enlever.
— Ballon, Bonnétable, Château-du-Loir, La Flèche, Grand-Lucé, Le Lude, Malicorne, Vibraye.

— Le sortant peut les vendre ou les enlever.

— Beaumont, Bouloire, Brûlon, Conlie, Ecommoy, La Chartre, La Ferté, La Suze, Loué, Marolles, Montfort, Pontvallain (1), Tuffé.

— Les citrouilles de la dernière année se partagent par moitié entre l'entrant et le sortant ; celui-ci doit les consommer sur place.

— Sablé.

— **Rameaux** (Propriété des). — Ils appartiennent au fermier sortant, mais il doit les faire consommer sur place.

— Beaumont, Conlie, Grand-Lucé, La Flèche, La Ferté, Le Lude, Malicorne, Montfort, Pontvallain, Sablé, St-Calais, Tuffé.

— Ils sont réservés à l'entrant.

— Ballon, Bonnétable, Bouloire, Brûlon, Ecommoy, La Chartre, La Suze, Loué, Marolles.

CLAN. — Barrière fermant les prés et les champs.

CLOS A CHANVRE. — Dernière récolte. — Attribution.

— Au cas où le sortant les ensemence en blé dans la dernière année, la récolte se partage, après prélèvement des semences.

— Ballon (2), Beaumont, Bouloire, Brûlon (1), Grand-Lucé, Le Lude, Malicorne, Marolles, Mayet, Sablé, Tuffé, Vibraye.

— La récolte appartient entièrement à l'entrant, sauf à indemniser le sortant des frais de labours et de semences.

— La Chartre, La Ferté-Bernard, Montmirail, St-Calais.

---

(1) Si elles n'ont pas été fumées; sinon elles restent sur la ferme.
(2) Sans préjudice d'une indemnité.

— Même usage que ci-dessus, avec cette différence toutefois que l'entrant ne doit rendre que les semences.
— Bonnétable, Mamers.

— L'entrant peut exiger la récolte entière ou une indemnité du sortant, à son choix.
— Fresnay, La Fresnaye, Montfort.

— L'entrant a droit à la totalité de la récolte.
— Pontvallain, St-Paterne.

— Si le clos est ensemencé en trèfle après grain, le sortant ne doit aucune indemnité à l'entrant.
— Beaumont, Bonnétable, Bouloire, Brûlon, Fresnay, La Ferté, Le Lude, Malicorne, Mamers, Marolles, Montfort, Sablé, St-Paterne (1), Tuffé, Vibraye.

— Même dans le cas ci-dessus, une indemnité est due par le sortant.
— Grand-Lucé, La Chartre, La Fresnaye, Mayet, Mont-mirail, Pontvallain.

CLOSEAUX. — Sont considérés comme *champs* et soumis à l'assolement, à moins qu'ils ne soient cultivés en légumes.
— Brûlon, La Flèche, Montfort.

— Ils sont compris dans l'assolement.
— La Suze, Le Lude, Sablé (2).

— Les closeaux cultivés en luzerne sont soumis aux règles des terres détachées quant à leur culture.
— Conlie.

— Le fermier les cultive à sa volonté, sans pouvoir faire plus de deux récoltes sur le même engrais.
— Ecommoy.

---

(1) Dans ce canton le trèfle appartient à l'entrant.
(2) On y fait principalement des coupages.

CLOSERIE. — Même chose que bordage.

— Dans le canton de Château-du-Loir, cependant, la closerie désigne spécialement une maison louée avec des vignes.

CLOTURES. — Entretien. — Il incombe au fermier ou colon, quel que soit le genre de clôture.

— Unanimement accepté.

COLONIE PARTIAIRE (*V.* p. la loi t. I, p. 67). — **Charges et produits** (Répartitions des).

— Le colon fait à ses frais tous les travaux des récoltes.

— Ballon, Bonnétable, Brûlon, Château-du-Loir, Conlie, Grand-Lucé, La Chartre, Malicorne, Pontvallain, Sablé, St-Calais, Sillé.

— Tous les frais de récolte se partagent, à l'exception des semailles, qui sont supportées en entier par le colon.

— Le Lude.

— Tous les fruits naturels et industriels se partagent par moitié, excepté ceux qui se consomment sur place et le bois taillable, réservé en totalité au colon.

— Ballon, Bonnétable, Brûlon (1), Château-du-Loir, Conlie, Grand-Lucé, Le Lude, Malicorne, Pontvallain, Sablé, Sillé.

— Le partage se fait par moitié, à l'exception des légumes du potager, des volailles, des chèvres, des laitages que le colon garde entièrement.

— St-Calais.

____

(1) Le colon a seul droit aux produits du jardin.

—, Les gros grains de la récolté qui suit la sortie sont également partagés par moitié.

— Ballon, Bonnétable, Brûlon, Château-du-Loir, Grand-Lucé, Malicorne, Sablé, St-Calais, Sillé.

— Au cas où le successeur du sortant a fait les semailles, il prend la moitié de la part attribuée au colon sortant.

— Conlie.

— Le colon sortant n'a qu'un quart de la dernière récolte, et l'entrant, l'autre quart, le propriétaire conservant sa moitié.

— Le Lude.

— Les grains et graines doivent être nettoyés, les chanvres et lins, broyés et teillés, les fruits à couteau, cueillis à la main, le tout aux frais du colon.

— Ballon, Brûlon, Château-du-Loir, Conlie (1), Grand-Lucé, Malicorne, Pontvallain, Sablé, Sillé.

— Les frais de nettoyage des grains, de broyage des chanvres et de la récolte des pommes de terre sont supportés par moitié.

— Le Lude.

— **Transport de la part du propriétaire.** — Il est fait par le colon jusqu'au domicile du propriétaire. Pour la récolte qui suit la sortie, cette obligation incombe au colon entrant.

— Ballon, Brûlon, Conlie (2), Grand-Lucé, Le Lude, Malicorne, Sablé.

— Le transport de la récolte qui suit la sortie doit être fait par le colon sortant.

— Pontvallain, Sillé, St-Calais.

---

(1) Dans ce canton, il suffit que les grains soient passés deux fois au van.

(2) Dans ce dernier canton, jusqu'à concurrence d'un myriamètre.

— Le colon n'est tenu de faire aucun transport en l'absence de conventions expresses.

— Château-du-Loir.

— *V.* Bestiaux, choux, contributions, engrais, fourrages, foins, pailles, bois taillable, semences, tonneaux, cidre.

COMBLE. — On entend par comble tout ce qui peut être mis au-dessus des bords d'une mesure sans exagération.

— **Denrées qui se mesurent comble** (sans qu'il soit besoin de convention spéciale):

— Pommes de terre, oignons, fruits à cidre, cendres, charrées.

— Le Mans (les 3 c.).

— Son, charrée, cendres. — Conlie.

— Pommes de terre, oignons. Les marrons et les noix se mesurent un fruit *sur sarche*.

— Ecommoy.

— Les fruits en général et les pommes de terre. Les avoines, maïs, haricots, chenevis se vendent à *main torse*, c'est-à-dire en excédant un peu la mesure.

— Montfort.

— Pommes de terre et pommes à cidre. — St-Paterne.

— Pommes de terre et tous fruits à cidre.

— Montmirail.

— Pommes de terre, oignons, noix, fruits à couteau, fruits à cidre.

— La Ferté-Bernard.

— Pommes, pois, charrée et cendre. Les pommes de terre, les noix et navets se mesurent *un sur sarche.* — Marolles.

— Le son, la recoupe, cendre et charrée. — Beaumont.

— Pommes de terre, noix et marrons, demi-combles. Pommes et poires combles. — Bonnétable.

— Pommes de terre, fruits à cidre et à couteau. — Tuffé.

— Marrons et noix, un fruit *sur sarche.* Son, pois, avoine, à *main torse.* — Tuffé.

— Avoines, pommes de terre, noix, fruits cuits, chenevis, cormes, marrons. — La Flèche.

— Fruits de toute espèce. Pommes de terre, cendres, charrée. — Sablé.

— Noix et avoine. — Le Lude.

— Avoine, marrons, noix, pommes de terre, chenevis. — Pontvallain.

— Pommes de terre, à cidre et à couteau, fruits cuits et noix. — St-Calais.

— Pommes de terre, fruits, marrons et noix. — Bouloire.

— Pommes et pommes de terre. — La Chartre.

— Pommes, poires, pommes de terre et marrons. — Château-du-Loir.

— Tous fruits ou légumes se vendant à la mesure. — Vibraye.

CONGÉ (1). — **Délais pour les biens ruraux as'il y a bail de plusieurs années..** — Si l'immeuble est assolé, 1 an, sinon, 6 mois.
— Le Mans (1ᵉʳ et 2ᵉ C.).

— Si l'exploitation comprend une maison et des terres assolées, que le revenu excède 100 fr., *un an;* si le revenu est inférieur à 100 fr., six mois. Pour les terres détachées, trois mois.
— Le Mans (3ᵉ C.) (2).

— Aucun délai n'est en usage, il suffit de faire connaître sa volonté par huissier.
— Conlie.

— Pour les terres assolées, un an ; aucun délai pour les terres volantes.
— Loué.

— Pour les terres assolées, comme ci-dessus; pour celles détachées, six mois.
— Ballon.

—Pour fermes et bordages, un an; pour les terres détachées et courtils, 3 mois.
— La Suze, Montfort.

— 1 an, sans distinction de la nature et de l'étendue des immeubles.
— Fresnay, Mamers, Marolles, Pontvallain, Sablé.

— 4 mois, pour les terres détachées. Pour les autres, pas de délai déterminé.
— Le Lude.

— Fermes, 1 an ; closeries, 6 mois ; pour les terres détachées, pas de délai.
— Malicorne.

---

(1) *V*. t. I, p. 70.
(2) A Goré-L'Évêque, le délai est de *1 an* pour toute terre assolée; pour les autres, de 6 mois.

— Pour fermes et bordages, 1 an ; pas de délai pour les autres terres.
— La Ferté-Bernard, Vibraye.

— 6 mois, sans distinction.
— Montmirail, St-Calais (1).

— Pour fermes et bordages, 1 an ; pour terres détachées, 3 mois, ainsi que pour les prés.
— Bouloire.

— Pour fermes et bordages, 1 an ; pour terres détachées, 9 mois.
— Grand-Lucé.

— Délais pour les maisons d'habitation. — Pour une maison entière, *6 mois*; pour une portion de maison, 3 mois.
— Le Mans (1er et 2e C.).

— Pour location de 50 francs et au-dessous, 3 mois ; pour location supérieure, 6 mois.
— Ballon, Cónlie, Ecommoy, Le Mans (3e C.), La Suze, Le Lude, Pontvallain.

—Pour maisons et chambres avec ou sans jardins, 6 mois.
— Loué.

— Pour un loyer de 50 francs et au-dessous, 3 mois; ... loyer de 50 francs à 100 fr., 6 mois; ... loyer au-dessus de 100 fr., 1 an.
— Brûlon, Bouloire, Montfort, Mayet.

— ... Loyer de 100 fr. et au-dessous, 3 mois; ... au-dessus de 100 fr., 6 mois.
— Beaumont, La Fresnaye, Mamers (2), Marolles, Sillé, St-Paterne, St-Calais (3), Vibraye (3).

---

(1) Sauf quelques communes où le délai est de 1 an.
(2) Sauf quelques communes.
(3) Pour les boutiques ouvertes dont le prix est inférieur à 100 fr., le délai est de 6 mois.

— Locations de 100 fr. et au-dessous, 3 mois; de 100 à 300 fr. et pour maisons entières, petites boutiques ou magasins, quel que soit le prix du loyer, 6 mois; pour maisons d'un loyer de 300 fr. et au-dessus, pour magasins, usines, auberges et grands établissements, 1 an.

— La Flèche.

— Loyer de 72 fr. et au-dessous, 3 mois; de 72 à 150 fr., 6 mois; loyer au-dessus de 150 fr., auberge, mais en ayant boutique sur la rue, quel que soit le prix du loyer, 1 an.

— Sablé.

— Loyer de 100 fr. et au-dessous, 3 mois; de 100 à 300 fr. inclusivement, 6 mois; au-dessus de 300 fr., 1 an.

— Fresnay.

— Loyer au-dessous de 50 fr., 3 mois; au-dessus de 50 fr., 6 mois.

— Bonnétable, Grand-Lucé.

— Location de 50 fr. et au-dessus, 3 mois; de 50 à 300 fr., 6 mois; au-dessus de 300 fr., 1 an.

— Château-du-Loir.

— Délai fixe de 3 mois.

— La Chartre, Malicorne, Montmirail, Tuffé.

— *Id*... de 6 mois. — La Ferté-Bernard.

— **Observation**. — En règle générale, pour calculer les délais des congés, on ne doit pas ajouter au prix de location le montant des contributions payées par le locataire en l'acquit du propriétaire.

— Tous les cantons, excepté ceux de Bouloire, Le Lude, Montfort, Sillé.

— Délais pour les appartements (chambres et maisons) loués au mois : — 15 jours avant l'expiration de la location.

— Bouloire, Conlie, Montfort, Pontvallain, Sablé, Sillé.

— 1 mois à l'avance. — La Flèche.

CONTRE-MUR. — *V.* Cheminée, écurie, étable, forge, fosse à fumier, fosse d'aisances, four, fourneaux, matières corrosives, puits, sel.

CONTRIBUTIONS. — **Répartitions des contributions — fermage à prix d'argent.** — En principe et à défaut de stipulations, les contributions foncières, autres que celles des portes et fenêtres, sont à la charge des fermiers.

— Généralement accepté.

— Au contraire, toutes les contributions sont à la charge des fermiers.

— Mamers, Sablé.

— **Colonie partiaire.** — Le propriétaire paie seul les contributions.

— Ballon, Brûlon, Grand-Lucé, La Chartre, St-Calais.

— Elles sont payées par le colon seul.

— Sablé, Sillé.

— Elles sont payées par moitié, par le propriétaire et le colon.

— Bonnétable, Conlie, Château-du-Loir, Le Lude, Malicorne, Pontvallain.

— Part des contributions due par le fermier sortant, lorsqu'il en est exceptionnellement chargé. — En principe, il doit les payer depuis son entrée en jouissance jusqu'à sa sortie ; cette règle comporte les modifications ci-après :

— Le sortant au 1er novembre paie les contributions jusqu'au 1er janvier qui suit sa sortie.

Le sortant au 1er mai paie seulement le tiers des contributions de l'année de sortie.

— Sablé.

— Le sortant au 1er novembre paie les contributions jusqu'au 1er mai qui suit sa sortie.

— Montmirail, Tuffé (1).

— Si le fermier ensemence avant sa sortie, il paie la moitié des impôts de l'année qui suit sa sortie; s'il n'ensemence pas, il doit seulement la totalité des impôts de l'année de sortie.

— Bouloire.

— Le fermier doit les contributions depuis le 1er juillet qui suit son entrée jusqu'au 1er juillet qui suit sa sortie.

— St-Calais.

— Le sortant paie tous les impôts jusqu'au 1er juillet qui suit sa sortie.

— Château-du-Loir.

— Le sortant doit la moitié des impôts de l'année qui suit sa sortie.

— Grand-Lucé (2), Vibraye.

— Le sortant au 1er novembre doit les contributions jusqu'au 31 décembre suivant inclusivement. Le sortant au 1er mai doit le tiers de l'impôt foncier.

— Le Lude.

— Le fermier sorti paie l'impôt des portes et fenêtres jusqu'à la confection des nouveaux rôles.

— Loué.

---

(1) Sauf quelques communes.
(2) Sauf le cas où il justifie les avoir payés en entrant.

— Le sortant paie les deux tiers des contributions de l'année de sortie.

— Fresnay.

— Le sortant au 1er novembre paie l'année entière, mais son successeur lui tient compte des mois de novembre et décembre.

— Le sortant au 1er mai paie les 4 mois échus à sa sortie.

— Bonnétable.

COPEAUX, COQUILLES. — *V.* Trempage.

COUDRIER. — *V.* Erussage, feuilles vertes, bois taillable et bois taillis.

COUPAGES. — Ensemencés par l'entrant.
— L'entrant au 1er novembre peut semer des coupages, à partir du 15 septembre, sur *un sixième* des chaumes de froment de l'année de la sortie, dans un seul champ (celui qui se rapproche le plus de cette contenance). Le sortant ne peut y faire pacager.

— Sablé.

— L'entrant peut en semer un mois avant son entrée, et le pacage est interdit au sortant.

— Malicorne.

— L'entrant au 1er novembre peut en semer dans les vieux choux dès le 24 juin, le sortant ne peut faire pacager.

— Pontvallain.

— L'entrant au 1er novembre peut en semer à partir du 1er septembre. Le sortant n'y peut faire pacager.

— La Flèche.

— L'entrant peut semer les trèfles de saison dès le printemps ; à l'automne qui précède l'entrée, il a le droit de semer le roussillon et les vesces. Le sortant n'est autorisé à faire pacager que dans les trèfles, après l'enlèvement de la récolte.

— Le Lude.

— L'entrant fait ses coupages dès la récolte des blés. Interdiction au sortant de conduire des bestiaux au pacage.

— Ballon.

— Pour en semer, l'entrant a besoin de l'autorisation du fermier sortant.

— Brûlon, Bouloire, Conlie, Ecommoy, Grand-Lucé, Loué, Mayet, Montfort, Sillé, Vibraye.

V. Plantes fourragères.

COUR COMMUNE. — On peut y laisser séjourner les porcs, pendant le nettoyage de leur toit, pourvu que la porte de ce toit donne immédiatement sur la cour.

— Brûlon, Beaumont, Bouloire, Bonnétable, Ballon, Conlie, Ecommoy, Fresnay, Loué, La Flèche, La Fresnaye, La Ferté, La Chartre, Le Lude, Montmirail, Malicorne, Marolles, Montfort, Mamers, Pontvallain, Sablé, Sillé, St-Paterne, St-Calais, Tuffé.

— On peut y laisser séjourner des formes à fumier, pourvu qu'elles n'obstruent pas le passage et qu'elles ne soient pas insalubres.

— Brûlon, Beaumont, Ecommoy, La Flèche, La Ferté-Bernard, Loué, La Chartre, Le Lude, Marolles, Pontvallain, Tuffé.

— On peut battre le blé dans la cour commune, s'il n'y a pas d'autre aire.

— Le Lude.

— **Dépôts permanents**. — Ils sont interdits sauf le cas de nécessité.

— Ballon, Bouloire, Brûlon, Bonnétable, Château-du-Loir, Conlie, Fresnay, Grand-Lucé, La Suze. La Flèche, La Fresnaye, La Ferté, Loué, La Chartre, Le Lude, Montfort, Montmirail, Malicorne, Mayet, Marolles, Mamers, Pontvallain, Sillé, St-Paterne, St-Calais, Sablé, Vibraye.

— Les dépôts sont permis, même lorsqu'il n'y a pas nécessité, pourvu qu'ils ne causent ni entraves, ni incommodités aux autres propriétaires.

— Beaumont, Ecommoy, Tuffé.

COURS D'EAUX. — Curage. — Le curage des cours d'eaux se fait suivant les arrêtés administratifs. Chaque riverain fait le travail de son côté.

Les frais de curage sont, de plein droit, à la charge du fermier, sans aucun recours contre le propriétaire.

— Ballon, Brûlon, Bonnétable, Bouloire, Conlie, Ecommoy, Le Mans (les 3 c.) (1), Le Lude, La Fresnaye, Montmirail, Montfort, Marolles, Sillé, Sablé.

— Le curage incombe au propriétaire.

— Beaumont, La Ferté-Bernard, Grand-Lucé, La Flèche, La Chartre, Mayet, Mamers (2), St-Calais.

— Le curage des ruisseaux est à la charge du fermier, celui des rivières à celle des propriétaires.

— Tuffé.

— Le curage est à la charge du propriétaire, sauf pour les moulins, où le locataire fait celui du bief et de l'arrière bief.

— Château-du-Loir, Pontvallain.

— **Emploi et propriété des boues**. — Elles appartiennent aux riverains et servent comme engrais.

— Unanimement accepté.

---

(1) Sauf pour la commune de Parigné-l'Evêque, du 3e c.
(2) Sauf pour la commune de Champessant.

— **Propriété des ruisseaux**. — L'existence d'un talus ou d'une haie suffit, à défaut de titre, pour prouver la propriété exclusive d'un ruisseau coulant plus de six mois par an, pourvu que le riverain n'ait fait aucun acte de possession.

— Brûlon, Ecommoy, La Ferté-Bernard, La Fresnaye, Malicorne, Mamers, Mayet, Montmirail, Pontvallain, Sillé.

COURTILS. — Nom donné aux menues pailles.

— Bouloire, Mayet, Montfort.

— Ce terme désigne également les jardins communs, divisés en parcelles de diverses grandeurs.

CRIBLEUR. — **Paiement des salaires** (col. part.). — Il est fait à moitié, par le propriétaire et le colon, ou en nature, avec des céréales prises sur le monceau commun.

— Brûlon, Ballon, Château-du-Loir, Le Lude, Pontvallain. Sablé.

— ...Par le colon seul.

— Grand-Lucé.

— Le propriétaire et le colon font cribler leurs parts de récoltes à leurs frais respectifs.

— Conlie, Malicorne, Sillé.

D

DENIER A DIEU. — *V.* Arrhes.

DENRÉES. — *V.* Comble.

DEUIL. — **Frais de deuil**. — Sont généralement compris dans les frais funéraires.

— Deuil des domestiques. — Les habits de deuil sont généralement fournis aux domestiques.

Ils ne deviennent leur propriété qu'autant que leurs services se sont prolongés pendant toute la durée du deuil.

— Ballon, Beaumont. Conlie, La Chartre, La Fresnaye, La Ferté-Bernard, La Flèche, Malicorne, Montmirail, Montfort (1), Pontvallain, Sablé, St-Calais, Tuffé.

—Les vêtements, dès qu'ils sont donnés, deviennent la propriété des domestiques quoi qu'il arrive.

— Brûlon, Bouloire, Bonnétable, Ecommoy, Le Lude, Mamers, Mayet, Marolles, St-Paterne, Vibraye.

— Ils ne sont la propriété des domestiques qu'autant qu'ils leur ont été expressement donnés par le maître.

— La Suze, Le Mans (3 c.).

DOMESTIQUES. — **Classification.** — On distingue :

1º Les domestiques attachés à l'agriculture ;

2º Ceux attachés aux usines ;

3º Les gens qui louent leurs services pour la moisson ;

4º Les bergers ou pâtres ;

5º Les domestiques attachés à la personne.

— Domestiques attachés à l'agriculture et aux usines. — Désistement avant l'exécution du louage.

— Le désistement peut se produire dans les vingt-quatre heures sans indemnité, sinon, il donne

---

(1) S'ils sortent avant la fin du deuil pour une cause valable, ils peuvent garder les habits.

lieu de part ou d'autre à une indemnité du quart des gages.

— Loué.

— Dans les vingt-quatre heures, le domestique rend simplement le denier-à-Dieu.

— Marolles.

— Dans les vingt-quatre heures, l'indemnité consiste dans les arrhes pour le maître et dans le double des arrhes pour les domestiques; après, l'indemnité est arbitrée par le juge de paix sans pouvoir descendre au-dessous du tiers.

— Grand-Lucé.

— Si le désistement a lieu dans les vingt-quatre heures, l'indemnité des deux côtés consiste dans la la perte des arrhes.

Si le désistement se produit depuis la convention jusqu'à la moitié du temps qui sépare ce jour de l'entrée au service, le maître perd les arrhes, le domestique perd le double.

Après ce temps l'indemnité varie du douzième au tiers des gages.

— Sablé.

— Si la résiliation se produit dans les quarante-huit heures du marché, le maître perd les arrhes, le domestique, le double : ce délai passé, l'indemnité de part ou d'autre est du tiers des gages.

— Bouloire, Montfort.

— Dans les huit jours de la conclusion du marché, ils peuvent se dédire, le maître en perdant les arrhes et le domestique, le double; après cette époque, l'indem-demnité est du tiers des gages.

— Ballon, La Suze.

— Dans la huitaine, l'indemnité est du double des arrhes pour le domestique, des arrhes simples pour le maître, après quoi elle est pour les deux du dixième des gages.

— La Ferté-Bernard.

— Si le désistement a lieu avant le 1er juin, l'indemnité due par le maître est la perte des arrhes, celle du domestique, du double.

Après le 1er juin il faut, en outre, ajouter un douzième des gages de l'année.

— Mayet, Pontvallain (1).

— Si le désistement survient avant le 1er juin, l'indemnité est du double des arrhes pour le domestique, des arrhes simples pour le maître ; elle est du tiers des gages après cette date.

— La Chartre.

— Si le louage est fait pour le 24 juin, chacune des parties peut se dégager jusqu'au 24 mars en perdant les arrhes. Après, l'indemnité est du tiers des gages.

Même règle lorsque le louage commence à une autre date et qu'il est de moins d'un an.

— Brûlon.

— Dans la quinzaine du marché, le maître perd les arrhes, le domestique le double, mais le maître doit prévenir le domestique en présence de témoins.

Après la quinzaine l'indemnité est du tiers.

— Mamers.

---

(1) Si la rupture a lieu du 15 au 24 juin, l'indemnité est du tiers des gages.

— Si le contrat se rompt trois mois au moins avant l'entrée au service, celui qui se désiste doit, comme indemnité, le double des arrhes ; après cette époque, l'indemnité est égale au tiers des gages.

— Ecommoy.

— Sans distinction de délai, l'indemnité due par le maître consiste dans l'abandon des arrhes, celle du domestique est du double.

— Bonnétable, Château-du-Loir, **La Flèche**, Malicorne, Montmirail, St-Calais, Vibraye.

— Le contrat ne peut être résolu que par consentement mutuel.

— La Fresnaye.

— Qu'il vienne de part ou d'autre, il y a lieu à indemnité arbitrée par le juge de paix.

— Le Mans (les 3 c.).

— De part ou d'autre, l'indemnité est égale au tiers des gages.

— Beaumont, Conlie, Fresnay, Sillé, Tuffé.

— **Désistement au cours du louage.** — L'indemnité est du tiers des gages de l'année, sauf cependant le pouvoir discrétionnaire du juge de paix.

— Ballon, Beaumont, Grand-Lucé, Tuffé.

— L'indemnité, de part ou d'autre, est du tiers des gages restant à courir.

— Brûlon, Bonnétable (1), Bouloire, Conlie, Château-du-Loir, Ecommoy, Fresnay, La Suze, Le Lude, La Fresnaye, La Ferté-Bernard (1), La Chartre, Montfort, Malicorne (2), Mamers, Marolles, Montmirail, Pontvallain, Sillé.

---

(1) Le mois de la moisson est compté double pour fixer l'indemnité due au maître. La réciproque existe à l'égard du domestique pour les mois d'hiver.

(2) On doit ajouter au chiffre des gages le denier-à-Dieu et la valeur des effets qu'on s'est obligé de donner.

— Elle est du quart...

— Loué.

— Le juge de paix apprécie quel peut être le montant de l'indemnité.

— La Flèche, Le Mans (les 3 c.), St-Paterne, Vibraye.

— Du 1er mai au 21 octobre, si la résiliation vient du domestique, l'indemnité est du tiers des gages de l'année. Du chef du maître, l'indemnité est moitié moindre.

Du 1er novembre au 30 avril, l'indemnité due par le domestique est du sixième des gages; due par le maître, elle est double.

— Sablé.

— **Durée du louage.** — 1 an en général.

— A compter du 24 juin.

— Brûlon, Bouloire, Château-du-Loir, Ecommoy, Grand-Lucé, La Flèche, La Ferté-Bernard, La Suze, Le Lude, La Chartre, Montmirail, Malicorne, Mayet, Pontvallain, Sablé, St-Calais, Tuffé, Vibraye.

— Du printemps ou du 24 juin. — Montfort.

— Du 1er mai. — Ballon, Beaumont, Marolles, Conlie.

— Du mois d'avril et de mai. — Fresnay.

— Du 1er avril. — Bonnétable.

— De mars ou d'avril. — Loué.

— Du printemps (jour non fixé). — St-Paterne.

— Du 1er mars. — La Fresnaye.

— Du 1er mars ou du 1er avril. — Mamers.

— De Pâques. — Sillé.

— L'engagement finit toujours le 24 juin, quelle que soit l'époque à laquelle il ait commencé.

— Brûlon, Sablé, St-Calais.

— **Engagement** (Mode d'). — Le contrat n'est définitivement formé qu'après que le maître a donné au domestique les arrhes ou denier-à-Dieu. Jusque-là, il n'y a qu'un projet que chacune des parties est libre de ne pas exécuter.

— Brûlon, Bouloire, Ballon, Bonnétable, Château-du-Loir, Ecommoy, Grand-Lucé, La Flèche, La Fresnaye, Le Lude, La Chartre, Malicorne, Mayet, Mamers, Montfort, Marolles, Sablé, St-Calais, Vibraye.

— La convention est au contraire parfaite dès qu'elle a été arrêtée verbalement entre le maître et le domestique.

— Beaumont, Fresnaye, La Ferté-Bernard, La Suze, Loué, Montmirail, Pontvallain, St-Paterne, Sillé, Tuffé.

— **Entrée chez le maître** — Le soir du jour où commence l'engagement.

—. Brûlon, Sablé.

— Le lendemain matin.
'— Bouloire, Château-du-Loir, Malicorne, St-Calais.

— Le lendemain du jour où commence l'engagement.
— Grand-Lucé, Le Lude, La Chartre, Vibraye.

— *Id...* A midi. — Pontvallain.

— **Journées perdues.** — Le domestique qui a perdu des journées au cours de son louage, subit à la fin une retenue proportionnelle ; il ne peut les rendre en nature.

— Conlie, Château-du-Loir, La Ferté, La Suze, La Fresnaye, La Chartre, Malicorne, Mayet, Mamers, Pontvallain, St-Paterne, Tuffé.

— Il peut les rendre en nature.
— Beaumont, Fresnay.

— Le domestique ne subit de retenue que s'il a perdu au delà de 15 journées.

— Montmirail.

— Le temps perdu *par maladie* lorsqu'il dépasse *15 jours* doit être payé en argent.

— Ecommoy.

— On tolère une semaine perdue pour raison de maladie ou d'affaires sérieuses.

— Brûlon (1), Montfort, Sablé.

— Si le domestique s'est réservé le droit de disposer d'un certain nombre de journées sans les désigner, le choix appartient au maître.

— Sablé.

— Dans le cas où le maître est obligé de faire remplacer le domestique par un homme de journée, le domestique lui doit compte de toute la dépense.

— Généralement accepté.

— Le prix des journées perdues est calculé d'après la saison de l'année.

— Sillé

— **Mort du maître ou cessation d'exploitation.** — A sa *cessation d'exploitation* au cours du louage, le maître, s'il met le domestique à même d'entrer chez ses successeurs, ne lui doit aucune indemnité.

— Ballon, Ecommoy, Grand-Lucé, La Suze, Le Lude, La Ferté-Bernard, Montmirail, Marolles, Malicorne, Pontvallain, Sablé, St-Calais.

— Au contraire, bien que le domestique ait été mis à même d'entrer chez le successeur de son maître, s'il refuse, il a droit à une indemnité.

— Bonnétable, Beaumont, Brûlon, Bouloire, Conlie, Loué, La Chartre, Montfort, Mamers, Sillé, Tuffé, Vibraye.

---

(1) On tolère même huit jours.

— Le décès du maître ne rompt pas le louage.

— Beaumont, Bonnétable, Ballon, Brûlon, Ecommoy, Fresnay, La Suze, La Fresnaye, La Ferté, Loué, La Chartre, Le Lude, Montmirail, Malicorne, Pontvallain, St-Paterne, Sablé, St-Calais, Vibraye.

— Les héritiers peuvent renvoyer le domestique en lui donnant, comme indemnité, un mois de gages.

— Grand-Lucé, Mamers (1).

— La même indemnité est due si les héritiers peuvent continuer l'exploitation, sinon ils n'en doivent aucune.

— Bouloire, Conlie, Marolles, Montfort, Sillé, Tuffé.

— **Obligations des maîtres envers les domestiques. — Blanchissage, repassage, raccommodage. —** Le maître doit le blanchissage, mais seulement quand il fait lessive.

— Généralement accepté.

— Au contraire, il n'est dû qu'au cas de convention expresse.

— Beaumont, Bonnétable, Bouloire, Grand-Lucé, La Suze, Loué, Mayet, Marolles, St-Calais, Sillé.

— Le maître n'est pas tenu de faire repasser le linge de ses domestiques.

— Sauf dans les cantons de Conlie, Fresnay, La Chartre, Le Lude, Montfort, Vibraye.

— Il ne doit pas non plus faire raccommoder leur linge.

— Généralement accepté.

— Les ouvriers et ouvrières, employés par le domestique pour la confection ou la réparation de ses vêtements, sont nourris par le maître.

— Ballon, Conlie, Vibraye.

---

(1) Si le renvoi a lieu en décembre, janvier et février, l'indemnité est dé deux mois..

— On doit laisser aux servantes le temps de raccommoder leurs effets.

— Bonnétable, Château-du-Loir, Ecommoy, Grand-Lucé, La Chartre, La Ferté, Montmirail, Montfort, Marolles, Sablé, St-Paterne.

— Elles ne peuvent travailler pour elles qu'aux heures où elles ne sont pas obligées de travailler pour le maître.

— Beaumont, Brûlon, Bouloire, Fresnay, La Suze, Loué, Malicorne, Mamers, Pontvallain, St-Calais, Sillé.

— On doit leur laisser une heure par jour, excepté pendant les semailles et les récoltes.

— Conlie.

— On leur accorde les veillées d'hiver.

— Ballon (1), Le Lude, Tuffé (1), Vibraye.

— **Obligations des maîtres entre eux.** — Si le domestique quitte son maître sans payer les indemnités qu'il peut devoir, le nouveau maître, dûment prévenu, dûment prévenu, doit les retenir sur ses gages sous peine d'en devenir personnellement responsable.

— Bonnétable, Grand-Lucé, La Ferté-Bernard, La Suze, Montfort.

— Le nouveau maître doit, dans ce cas, avoir le consentement du domestique ou, à son défaut, il se présente devant le juge de paix.

— Vibraye.

— *Dans les autres cantons*, le nouveau maître n'est tenu à rien envers l'ancien.

---

(1) Dans ces deux cantons les frais d'éclairage sont à leur charge.

— Paiement des gages — Ils se paient à l'expiration de l'année de louage, au domicile du maître.

Généralement accepté.

— Cette règle s'applique même au cas de sortie sur l'année, sauf l'hypothèse où le maître serait condamné à payer une indemnité au domestique.

— Sablé.

— Les gages se paient au domestique lui-même ou à son fondé de pouvoir.

Les gages des mineurs se paient conformément aux règles du titre X, liv. I, du Code civil.

Dans les cas où le maître a fait des avances pour un domestique mineur, il doit lui en être tenu compte par ceux qui touchent les gages.

— Généralement accepté.

— Temps dû au maître — Les domestiques doivent tout leur temps au maître. Les dimanches et fêtes gardées, ils doivent vaquer aux soins des bestiaux et du ménage et faire tous les travaux urgents.

— Tous les cantons.

(Il n'y a d'exception à cette règle que dans le canton de Mamers où le domestique n'est tenu de travailler au ménage et de soigner les bestiaux qu'en cas de convention expresse.)

— Domestiques et ouvriers attachés aux usines. — Les règles qui concernent les domestiques ruraux ne leur sont en général pas applicables.

Toutefois le maître ou le domestique qui ferait cesser les effets du louage avant l'expiration de l'année ou du temps déterminé, devrait à l'autre une indemnité, si l'autre partie avait éprouvé un préjudice faute d'avoir été prévenue en temps voulu.

— Généralement accepté.

— Les garçons meuniers doivent prévenir le maître huit jours avant leur sortie, et lui donner la liste de leurs pratiques.

— Marolles, Montmirail.

— Les garçons pochetiers des moulins doivent, quinze jours à l'avance, prévenir de leur sortie et donner la liste des pratiques dont ils vont chercher les grains.

— Grand-Lucé, Montfort.

— Les garçons pochetiers sont compris dans la catégorie des domestiques attachés aux travaux agricoles.

— Sablé (1), Tuffé.

— En cas de résiliation avant la fin de la campagne, les tuiliers et briquetiers ont droit à une indemnité ou ils la doivent.

Si l'indemnité est due au maître, elle équivaut à ce qu'il en coûtera de plus à l'entrepreneur pour louer un autre ouvrier.

Si elle est due par le maître, le dédommagement doit être égal au préjudice que l'ouvrier éprouve, soit pour perte de temps, soit parce qu'il ne peut obtenir ailleurs que des salaires moins élevés.

— Conlie.

— **Domestiques loués pour le temps de la moisson.** — Les domestiques qui se louent pour le temps de la moisson sont considérés comme jour-

---

(1) De même les fariniers.

naliers, et les règles qui s'appliquent aux domestiques attachés à la culture ne les concernent pas.

— Généralement accepté.

— Cependant, dans les cantons suivants, au contraire, ces règles leur sont applicables.

— Bonnétable, Conlie, Fresnay, Grand-Lucé, La Chartre, La Fresnaye, Loué, Malicorne, Mamers, Mayet, Pontvallain, Sablé, St-Paterne, Sillé.

— L'indemnité due au maître par le métivier qui résilie, de même que celle due par le maître, sont arbitrées par le juge de paix.

— La Ferté, St-Calais.

— **Bergers. Pâtres. Pâtours.** — Ce sont ordinairement des enfants. Les règles concernant les domestiques attachés à la culture leur sont applicables.

— Généralement accepté (1).

— S'ils ont moins de quatorze ans, quelle que soit la durée du louage, au cas de résiliation, ils ne sont payés qu'en raison du temps pendant lequel ils ont travaillé.

— Brûlon.

— **Domestiques attachés à la personne.** — **Blanchissage.** — Le maître doit le blanchissage, repassage, empesage du linge. Les filles ont la permission de raccommoder leurs effets.

— Brûlon.

— Les domestiques doivent faire raccommoder leurs effets au dehors.

— Vibraye.

---

(1) Dans le canton de la Suze, s'ils sont loués pour *un an*.

— **Journées perdues.** — On applique généralement les règles relatives aux domestiques attachés à l'agriculture, sauf les remarques ci-dessous.

Les domestiques ne sont pas obligés de faire les journées perdues : ils subissent simplement une retenue.

— La Flèche.

— Les journées perdues sont rendues en nature ou en argent.

— Bonnétable (1), Mayet, Pontvallain.

— Les domestiques ne subissent aucune retenue.

— Tuffé.

— **Résiliation avant l'exécution du louage.** — Si le domestique a reçu des arrhes et que le maître résilie, il les perd ; si la résiliation vient du domestique, il les rend doubles.

— Généralement accepté.

— **Résiliation au cours du louage.** — En principe, aucune indemnité n'est due de part et d'autre. Le domestique n'est payé que proportionnellement à la durée de ses services.

— Généralement accepté.

— Les domestiques et les maîtres doivent se prévenir réciproquement :

— Un mois d'avance. — Grand-Lucé.

— Quelques jours d'avance. — La Ferté.

— Huit jours. — Bouloire , Marolles, Pontvallain, Vibraye.

---

(1) Au choix du maître.

E

ECHALIERS. — *V.* Clôtures.

ECHENILLAGE (*Loi du 26 ventôse an IV. — Code Pénal, art. 471*). — Toutes les fois qu'il est ordonné par l'autorité administrative, il est, même sans stipulation spéciale, à la charge des fermiers.

— *Tous les cantons*, sauf ceux de La Ferté-Bernard et La Fresnaye.

ECOBUAGE. — Interdit aux fermiers.

— Bouloire, Brûlon, Conlie, Ecommoy, La Suze, La Chartre, Grand-Lucé, Le Lude, Malicorne, Mamers, Marolles, Montfo t, Montmirail, Pontvallain, Sablé, St-Paterne, St-Calais, Tuffé, Vibraye.

— Permis aux fermiers.

— Ballon, La Ferté-Bernard, La Flèche, Mayet.

— Permis une seule fois dans le cours d'un bail de six ans.

— Montfort.

— Inusité.

— Beaumont, Bonnétable, Château-du-Loir, Fresnay, La Fresnaye, Loué.

ECORCE. — *V.* Bois taillable et bois taillis.

ECURIES et **ÉTABLES** (*C. Civil, art. 674, et, pour la responsabilité des dommages, art. 1382 et suiv.*).

— **Construction** (contre-mur et distance).

— On doit élever entre l'écurie et le mur du voisin, avec des fondements assez profonds pour empêcher toute infiltration, un contre-mur en bons matériaux, de 0 m. 22 d'épaisseur, jusqu'à la hauteur des plus hauts monceaux de fumier, ou au moins jusqu'au rez-de-chaussée de la mangeoire.

— Bonn table, Bouloire, La Chartre, La Flèche (1), La Suze, Mɑrolles, Montfort, Pontvallain, Sablé, St-Calais, St-Paterne.

— D'une épaisseur de 33 centimètres.

— Ballon, Conlie, Grand-Lucé, La Ferté-Bernard (2), Malicorne (3).

— De 50 cent., que le mur soit ou non mitoyen.

— Tuffé.

— De 16 à 17 cent. — Loué.

— Si le mur est mitoyen, on peut adosser sans contre-mur ; sinon, il en faut un de 33 centimètres d'épaisseur, ou acheter la mitoyenneté.

— Le Mans (3e C.).

— Dans *les autres cantons*, où ni hauteur ni épaisseur ne sont fixées, il faut que le contre-mur garantisse le voisin de tout dommage.

— **Mangeoires** et **râteliers** (Propriété des). — Généralement, ils sont censés au propriétaire comme immeubles par destination (*Code Civil, liv. II*). Cependant, dans plusieurs cantons (*Beaumont, Bonnétable, Bouloire, Montmirail, Sillé, St-Calais*), et surtout dans les bordages, ils sont souvent fournis par le fermier. Pour juger, on regarde s'ils peuvent se

---

(1) Contre-mur *non lié*.
(2) Jusqu'au-dessus de la mangeoire pour les écuries, et de la crèche pour les étables.
(3) Si le mur est mitoyen : 15 centim. seulement.

détacher sans rien détériorer : dans ce cas, on les laisse au fermier (1).

— Nettoiement (Fermier sortant). — A la charge du sortant, jusqu'au jour de la sortie.

— Tous les cantons (sauf ceux qui suivent).

— Jusqu'à la huitaine qui précède la sortie.

— Malicorne.

— Pendant un mois après la sortie. — La Fresnaye.

EGRASSEAUX. — Jeunes plants d'arbres fruitiers non encore greffés.

EGRETTES. — Débris de chanvre. *V. ce mot.*

ELAGAGE. — Frais (d') — L'élagage prescrit par l'autorité, est, de plein droit, à la charge des fermiers.

— Ballon, Bouloire, Brûlon, Fresnay, La Flèche, La Suze, Loué, Malicorne, Marolles, Montfort.

— Il est à la charge du fermier, seulement pour les haies et pour les arbres qui se taillent périodiquement et dont les émondes lui appartiennent.

— Il est à la charge du propriétaire pour les arbres à haute tige non taillables et pour les fruitiers.

— Beaumont, Conlie, Ecommoy, La Chartre, La Fresnaye, La Ferté-Bernard, Le Lude, Pontvallain, Mayet, Montmirail, Sablé, St-Paterne, St-Calais, Sillé.

— A la charge des fermiers qui profitent du bois.

— Bonnétable, Grand-Lucé, Mamers, Vibraye.

---

(1) Si les chevalets sont en triques, les râteliers et mangeoires sont réputés appartenir au fermier.

— Bonnétable.

— Pour les haies donnant sur les chemins dont l'élagage est ordonné par l'autorité, il est à la charge du propriétaire qui profite du gros bois et des arbres abattus. Le bois considéré taillable reste au fermier.
— Tuffé.

ÉMONDAGE. — *V.* Arbres fruitiers, bois taillables.

ENDUITS. — *V.* Réparations locatives.

ENGRAIS. — **Emploi** et **confection.** — En règle générale, tous les engrais qui sont faits sur la ferme doivent y être employés. Le fermier ne peut ni les vendre ni les enlever à sa sortie.

En retour, et sans stipulation contraire, il n'est pas tenu d'en acheter.

Les fumiers d'étable sont employés pour les gros grains.
— Généralement accepté.

— On fume les prés avec la terre tirée des rigolles ou fossés desdits prés, et avec les déchets de paille.
— Sablé.

— **Part du fermier sortant et entrant.** — Le sortant au 1er mai doit laisser intacts tous les fumiers faits depuis les semailles d'automne.

L'entrant vient, pendant l'hiver qui précède son entrée, ramasser les feuilles et bruyères.
— Sablé.

— Le sortant au 1er novembre ne peut toucher aux fumiers après le 24 juin, et l'entrant au 1er mai après le 25 décembre.

— Les fermiers peuvent fumer citrouilles, carottes, betteraves, navets, mais non les pommes de terre.
— La Flèche.

— Le sortant doit conserver assez d'engrais pour en pouvoir mettre 9 mètres cubes par hectare de blé.

— Brûlon.

— Le sortant peut prendre tous les engrais lors des semailles ; à partir de cette époque il les met en réserve ; il ne doit ensemencer que l'étendue qu'il peut fumer à raison de 14 mètres cubes de fumier et autres engrais par hectare de terre.

— Le Lude.

— Le sortant au 1er novembre peut se servir des engrais jusqu'au jour de sa sortie. Le sortant au 1er mai conserve ceux faits depuis le 25 décembre qui précède, sauf le fumier nécessaire pour les chanvres, citrouilles et choux.

— Malicorne.

— Les engrais du lieu ne peuvent servir qu'à l'ensemencement des *gros grains* et de certaines plantes printanières. Après l'ensemencé desdites céréales, le sortant doit laisser tous les engrais sur le lieu.

— Ballon, Mayet.

— Le sortant au 1er mai laisse tous les engrais à l'entrant à partir du 1er janvier. Le sortant ne peut fumer que le chanvre, les citrouilles, les betteraves et les pois.

— Pontvallain.

— Le sortant au 1er novembre conserve les fumiers à partir du 1er juin.

— Le Mans (1er C.).

— Même règle que ci-dessus pour les fumiers faits à partir du 1er juillet.

— Le Mans (2e C.).

— Les retours ne peuvent être fumés avec les engrais du lieu.

— Le Mans (les 3 c.).

— La dernière année de jouissance, le sortant fume seulement les blés, chanvres, citrouilles et harricots ; s'il sort au 1er novembre, il conserve tous les engrais faits après le 15 mai.

— Conlie.

— Le sortant au 1er novembre conserve, pour l'ensemencement, tous les fumiers créés depuis le 24 juin.

— Ecommoy.

— Le sortant, quelle que soit l'époque de sa sortie, doit, dans la dernière année de sa jouissance, laisser tous les engrais à son successeur, à compter du jour où il aura terminé l'ensemencé des gros blés.

— Loué.

— Même dans la dernière année de jouissance, le sortant peut fumer les céréales, betteraves, citrouilles et chanvres ; il peut fumer, avec les engrais du lieu, les prés, à la condition qu'il n'en résulte aucun inconvénient pour les champs.

— Montfort.

— Le sortant au 1er novembre peut, dans la dernière année, fumer les terres destinées aux chanvres et pommes de terre ; s'il sort au printemps, il doit réserver tous les fumiers à partir du 15 ou 20 novembre.

— Sillé.

— Le fermier qui sort à Pâques conserve les engrais à partir des semailles de Toussaint ; celui qui sort au 1er novembre a droit à tous les fumiers jusqu'à la date de sa sortie.

— Mamers.

— Les engrais du lieu doivent être réservés pour la fumure des gros grains et des chanvres.

— Beaumont.

— Le sortant au 1er mai conserve les engrais à partir du jour où il a fumé les blés ; le sortant au 1er novembre dispose des engrais jusqu'à sa sortie.

— Bonnétable.

— Le fermier sortant à Pâques conserve tous les engrais à partir du 1er décembre précédent.

— Fresnay.

— Les engrais du lieu appartiennent au sortant jusqu'aux semailles ; à partir de cette époque, il doit les réserver à l'entrant.

— La Ferté-Bernard, Vibraye.

— Le sortant à Pâques prend les engrais jusqu'au 25 décembre qui précède.

— La Fresnaye.

— Le sortant prend les fumiers du lieu jusqu'à l'ensemencé des gros grains.

— Marolles.

— Le sortant à Pâques conserve tous les engrais faits depuis le 25 décembre précédent.

— St-Paterne.

— Le sortant prend les fumiers et engrais jusqu'au jour de sa sortie pour fumer les gros blés.

— Grand-Lucé (1), Tuffé.

— Le sortant dispose des fumiers jusqu'au dernier ensemencement.

— St-Calais.

---

(1) Mais il doit les conserver pour cet objet depuis le 1er décembre précédent.

— Le sortant dispose des engrais du lieu jusqu'à l'époque de sa sortie, s'il en a réellement besoin pour sa culture.
— Bouloire, La Chartre.

-- Le sortant ne peut prendre de fumier après le 2 novembre, quelle que soit l'époque de sa sortie, et fut-il autorisé à ensemencer après cette date.
— Château-du-Loir.

— **Fumure des terres volantes.** — 8 mètres cubes de fumier par 44 ares ; — 16 hect. de chaux équivalent à 4 m. cubes de fumier.
— Conlie, Mamers.

— 15 à 16 m. cubes de fumier par 44 ares.
— Beaumont, Fresnay, Sillé.

— 8,000 kil. de fumier par 44 ares. — La Suze.

— 40,000 kil. de fumier ou autres engrais par hectare.
— Ballon.

— 20 m. cubes de fumier par hectare tous les 3 ans.
— La Flèche.

— 8,000 kil. de fumier par hect. ou autres engrais.
— Sablé.

— 9 m. cubes de fumier par hectare. — Brûlon.

— 3 m. cubes de fumier par 66 ares. — Le Lude.

— 10 m. cubes par hectare. — Mayet.

— 10 m. cubes par 44 ares. — Pontvallain.

— 16 m. cubes de fumier par hectare. — La Chartre.

— 10,000 kilog. de fumier par hectare.
— Grand-Lucé, Montfort.

— 5 à 10,000 kil. de fumier par 44 ares.
— Montmirail.

— 24 m. cubes de fumier par hectare.
— La Ferté-Bernard.

— 4 à 5 m. cubes de fumier par 44 ares.
— Bonnétable.

— 3 m. cubes par 44 ares. — Tuffé.

— 20,000 kil. de fumier par hect. — La Fresnaye.

— Quantité de fumier égale à celle produite par les pailles de deux récoltes de céréales.
— Marolles.

— Quantité indéterminée.
— Bouloire, Château-du-Loir, Ecommoy, Loué, Malicorne, St-Calais, St-Paterne, Vibraye.

— On ne peut faire, sur le même fumier, plus de deux récoltes en grains, qui arrivent à maturité, qu'il s'agisse de terre détachée ou de lieux composés.
— Ballon, Beaumont, Bonnétable, Bouloire, Brûlon, Château-du-Loir, Conlie, Ecommoy, Grand-Lucé, Fresnay, La Suze, La Fresnaye, La Ferté-Bernard, Loué, Le Lude, La Chartre, Le Mans (les 3 c.), Mayet, Malicorne, Marolles, Mamers, Montmirail, Montfort, Pontvallain, Sablé, Sillé, St-Paterne, St-Calais, Tuffé, Vibraye.

— La règle ci-dessus ne s'applique qu'aux lieux composés ; on peut ne fumer les terres que tous les 3 ans.
— La Flèche.

— **Indemnités dues à raison de la fumure.**

— En principe, on peut faire deux récoltes de paille sur un fumier ; l'une de blé, l'autre d'orge ou d'avoine.
— Beaumont, Bonnétable, Château-du-Loir, Conlie, Fresnay, La Ferté-Bernard, Marolles, Montfort.

— La conséquence de ce principe est que si le fermier de terres volantes est expulsé à la fin de l'année où il a fumé, il a droit à une indemnité, puisqu'on ne lui a pas laissé faire la seconde récolte que son fumier aurait pu produire.

— Mêmes cantons.

— L'indemnité est de la valeur de la paille qu'une récolte d'orge aurait pu produire.

— Conlie.

— On lui doit compte d'un tiers des engrais employés par lui.

— Bouloire, Montfort, Montmirail.

— L'indemnité est réglée par expert, à la visite et montrée.

— Fresnay, La Suze, Le Lude, Mamers, Mayet, St-Paterne, Sillé.

— Le fermier expulsé peut venir cueillir la récolte, sinon le propriétaire lui doit une indemnité compensant le coût du fumier, de la semence et des divers travaux.

— Vibraye.

— Contrairement à la règle générale, il n'est pas dû d'indemnité.

— Ballon, Brûlon, Ecommoy, La Fresnaye, La Flèche, Grand-Lucé, Malicorne, Pontvallain, Sablé, Tuffé.

— Le fermier d'un lieu composé, expulsé à la fin de l'année où il a fumé, n'a droit à aucune indemnité.

— Ballon, Beaumont, Bonnétable, Brûlon, Bouloire, Conlie, Ecommoy, La Fresnaye, La Flèche, La Ferté-Bernard, La Suze, Grand-Lucé, Mamers, Marolles, Mayet, Malicorne, Montmirail, Montfort, Pontvallain, Sablé, Sillé, Tuffé, Vibraye.

— Un fumier entier est dû par chaque année de

céréales indûment récoltées ; sans préjudice de plus amples dommages intérêts, s'il y a lieu.

— Bonnétable, Bouloire (1), Fresnay, Malicorne, Montfort, Montmirail, St-Calais.

— Le fermier paie la valeur de la récolte, déduction des pailles.

— Ecommoy.

— Pour chaque récolte faite indûment, le propriétaire peut exiger une indemnité égale à une année de fermage de leurs ensemencés.

— Conlie, Marolles.

— L'indemnité est arbitrée par expert, lors de la visite et montrée.

— Beaumont, Brûlon, Château-du-Loir, La Fresnaye, La Flèche, La Ferté-Bernard, La Chartre, La Suze, Grand-Lucé, Le Lude, Loué, Mamers, Mayet, Sablé, St-Paterne, Sillé, Tuffé, Vibraye.

— **Paiement des engrais** (col. part.).

— Les engrais non produits sur le lieu, autres que la chaux, sont payés comme suit : moitié par le propriétaire, moitié par le colon, qui, en outre, les transporte avec les harnais du lieu.

— Bonnétable, Conlie, La Chartre, Le Lude, Malicorne, Sablé, Sillé.

— Deux tiers par le propriétaire, un tiers par le colon qui fait le transport.

— Grand-Lucé, Pontvallain, St-Calais.

— Suivant les conventions des parties, le transport étant à la charge du colon.

— Brûlon.

---

(1) Les pailles restent en outre sur le lieu.

— Ils sont fournis par le propriétaire et transportés par le colon.

— Ballon.

ENSEMENCEMENT. — Qui doit faire l'ensemencement des gros blés la dernière année ?

— Le sortant au 1er novembre.

— Ballon, Bonnétable, Bouloire, Brûlon, Château-du-Loir, Écommoy (1), Grand-Lucé, La Chartre, La Ferté-Bernard, Le Lude, Le Mans (les 3 c.), Loué, Malicorne, Mamers (2), Marolles, Mayet, Montfort, Montmirail, Sablé, St-Calais, Sillé, Tuffé, Vibraye.

— Si la jouissance finit en mars, à Pâques ou au 1er mai, l'ensemencement est toujours fait par le sortant.

— Généralement accepté.

— L'entrant au 1er novembre fait l'ensemencement si son prédécesseur l'avait fait au commencement de sa jouissance. Le sortant fait seulement les labours.

— Conlie.

— Il se fait par le fermier entrant au 1er novembre.

— Beaumont, Fresnay, La Flèche, La Suze (sauf quatre communes).

— **Époque de l'ensemencement des gros blés** (3). — Du 15 octobre au 15 novembre.

— Conlie, Le Mans (les 3 c.), Le Lude, Mamers.

---

(1) Sauf quatre communes.
(2) Sauf à Commerval et à St-Cosme-du-Voir.
(3) Les différentes règles rapportées sous ce nom de *gros blés* ne sont applicables que dans la dernière année.

— L'ensemencement doit être terminé le 1er novembre.

— Beaumont, Bonnétable, Bouloire, Brûlon, Grand-Lucé, La Ferté-Bernard, La Suze, Loué, Montfort, Montmirail, St-Calais, Sillé, Tuffé, Vibraye.

— *Id*... Mais par tolérance et pour cause de mauvais temps, on accorde jusqu'au 15.

— Mayet, Sablé.

— Du 1er octobre au 15 novembre.

— Ecommoy, La Flèche, Marolles, Pontvallain.

— Du 15 octobre au 30 novembre. — Ballon.

— Du 15 octobre au 25 décembre. — La Fresnaye.

— A la Saint-Martin (novembre). — La Chartre.

— Avant le 15 décembre. — Fresnaye.

— Avant Noël. — Malicorne, St-Paterne.

— Le 2 novembre, à la chute du jour ; en cas de mauvais temps, on accorde jusqu'au 30 novembre.

— Château-du-Loir.

— Menus grains. — Ensemencés. — Par qui sont-ils faits ?

Le règles ci-dessous ne s'appliquent qu'au cas où la jouissance finit en mars, à Pâques ou au 1er mai. Si elle finit au 1er novembre, il va de soi que c'est l'entrant qui doit faire les menus grains au printemps suivant.

— Le sortant au 1er mai ensemence les orges et avoines

— Le Mans (1) (les 3 c.).

---

(1) Sauf la commune de Parigné-l'Evêque.

— Le sortant ensemence tous les menus grains.

— Ballon, Beaumont, Bonnétable, Brûlon, Conlie, Ecommoy, Fresnay, Loué, Marolles, Mayet, Sillé, Tuffé (1).

— L'entrant ensemence les menus grains, à moins que le sortant ne l'ait pas fait à son entrée.

— La Flèche, Le Lude, La Fresnaye, La Suze, Malicorne (2), Sablé, St-Paterne.

— L'entrant au 1er mai les ensemence.

— Pontvallain.

— **A quelle époque ?** — En avril.

— Bonnétable, Brûlon, Mamers, Marolles.

— Du 1er mars au 15 avril. — La Flèche, Le Lude.

— Du 30 mars au 30 avril.

— Ballon, Loué, Mayet, St-Paterne.

— Avant le 1er mai. — Malicorne.

— Avant le 15 mai.

— Conlie, La Fresnaye, La Suze, Pontvallain, Sablé, Sillé.

— **Blés retours. — Ensemencés.** — Par qui sont-ils faits la dernière année ?

— L'ensemencement des blés retours, lorsqu'il est autorisé, se fait par le sortant au 1er mai ou par l'entrant au 1er novembre.

— Le Mans (les 3 c.), Pontvallain.

— L'ensemencement est fait par le sortant au 1er novembre :

— En octobre. — Brûlon, Mayet, Vibraye.

— A la fin de septembre. — Grand-Lucé.

---

(1) Seulement si la sortie a lieu le 1er mai.
(2) Sauf à Noyen-sur-Sarthe.

— Avant Noël. — Malicorne.

— Du 1er octobre au 15 novembre. — La Flèche.

— Après son entrée. — Montfort.

— On suit, pour l'ensemencement des blés en retour, les mêmes usages que pour les blés guérets.
— Conlie.

— L'ensemencement des blés en **retour** est fait par le sortant au 1er novembre.
— Ecommoy (sauf quelques communes).

EPINES. — *V.* **Arbres fruitiers, bois taillable, clôtures, haies, fossés.**

ERUSSAGE. — Opération qui consiste à enlever avec la main les feuilles vertes de certains arbres. Ces feuilles sont destinées à la nourriture des bestiaux, et ne peuvent être vendues.

— **Droit d'érussage.** — Le fermier peut érusser les souches d'ormeau.
— Le Mans (les 3 c.).

— L'érussage est permis pour les souches d'ormeau et de coudrier. Le même droit appartient au fermier d'une terre volante qui peut, en outre, le céder.
— Conlie, La Flèche.

— On peut érusser les branches d'ormeaux taillés depuis 3 ans Le fermier des terres volantes a le même droit, mais il ne peut le céder.
— Loué, La Suze.

— Permis pour les feuilles d'ormeaux en souche et de coudrier. Le sortant a seul droit à ces feuilles, toutefois il est obligé de les faire consommer sur place.
— Ecommoy.

— On tolère l'érussage des souches taillées depuis 2 ans. Le fermier de terres volantes n'a pas le droit d'érusser.

— Montfort.

— Permis pour l'orme, le frêne et le coudrier. Le fermier de terres volantes peut céder son droit.

— La Ferté-Bernard, Mamers.

— Permis pour l'orme seulement, et ce droit est dans tous les cas incessible.

— Beaumont, Le Lude, Malicorne, Sablé (1), St-Paterne.

— Permis pour l'orme et le coudrier. Le fermier de terres volantes ne peut le céder.

— Brûlon, Grand-Lucé, Montmirail, Mayet.

— Permis pour les ormeaux des haies. Ce droit est partout cessible.

— Fresnay.

— Permis pour l'orme. Le fermier de terres volantes peut céder son droit.

— La Fresnaye.

— Accordé pour l'ormeau et le frêne, et ce droit est cessible s'il s'agit de terres volantes.

— Marolles.

— L'érussage est interdit.

— Bouloire, Sillé, Vibraye (2).

— Accordé pour les feuilles de coudrier, les souches d'ormeau et de chêne. Le fermier de terre volantes peut céder son droit.

— Tuffé.

---

(1) Les branches d'orme doivent avoir 2 ans.
(2) On le tolère pour l'orme et la vigne.

— Accordé pour les ormeaux qui sont taillés tous les cinq ans, afin de faciliter l'érussage. Le fermier de terres volantes a le même droit, mais il ne peut le céder.
— Pontvallain.

— Accordé pour les ormeaux et les coudriers ; ce droit n'appartient pas au fermier d'une terre volante.
— St-Calais.

— Accordé pour l'orme taillable seulement.
— La Chartre.

— Accordé pour les frênes, ormeaux et coudriers.
— Château-du-Loir.

— **Epoque de l'érussage.** — A partir du mois de mai.
— La Suze, St-Paterne.

— A partir du 1er août.
— Ballon, Ecommoy, Mamers, Marolles, Tuffé.

— A partir du 15 septembre. — La Chartre.

— A compter du 24 juin pour les vieux arbres, et pour les autres à partir du 15 septembre jusqu'au 1er novembre.
— Malicorne.

— A partir du 1er septembre, la 2e année qui suit la coupe.
— Sablé.

— Après le 15 août, lorsque le bois a 3 ans de pousse.
— Bonnétable.

— A la maturité des feuilles. — La Fresnaye.

— Au cours de septembre et d'octobre, lorsque le bois a plus de 2 ans de sève.
— La Ferté-Bernard.

== A la fin de juillet. — Brûlon.

— Du 1er juillet au 31 octobre. — Beaumont.

— Au mois de septembre.
— Château-du-Loir, Loué, Montmirail, Pontvallain.

— A l'automne. — Le Lude, Vibraye.

— Au cours du mois d'août. — Grand-Lucé.

— Mode d'érusser. — L'érussage se fait *à la main* et sans aucun instrument. On doit laisser la pointe de chaque branche intacte et garnie de ses feuilles et ne pas briser les branches.

ETABLE. — *V.* Ecurie.

EXPERTISE. — *V.* Visite et montrée.

EXTRACTION DE MATÉRIAUX.
— L'usage dont parle l'art. 479, § 12 du code pénal, d'extraire des matériaux dans les lieux appartenant aux communes, n'existe pas dans la Sarthe, sauf les communes de Mézeray et de St-Jean-du-Bois, dépendant du canton de Malicorne.

F

FAGOTS. — *V.* Vente de denrées.

FAISANCES. — Les faisances doivent être livrées par le fermier au domicile du propriétaire.
— Bouloire, Brûlon, La Suze, La Flèche, Grand-Lucé, Le Lude, Malicorne, Pontvallain, Sillé, Vibraye.

— Si le domicile du propriétaire est à plus de deux myriamètres de la ferme, les faisances sont adressées, aux frais du propriétaire, par les voies qu'il indique.

— Conlie.

— A défaut de stipulation, la livraison des faisances se fait à la ferme.

— La Chartre.

— Elles doivent être acquittées chaque année et ne peuvent être reportées d'une année sur l'autre.

— Bouloire, Château-du-Loir, Conlie, La Flèche, Grand-Lucé, Le Lude, La Chartre, Malicorne, Montfort, Pontvallain, Sablé, Sillé, Vibraye (1).

FERME. — Exploitation agricole comprenant bâtiments d'habitation et d'exploitation, terres labourables soumises à l'assolement, prés, etc., etc.

La ferme diffère par son étendue de la closerie et du bordage.

Il est important de distinguer ces différentes sortes d'exploitation quant aux règles de l'assolement.

— **Superficie des fermes.** — Toute exploitation dépassant :

— 5 hect. 28 ares. — Malicorne.

— 9 hectares de terre arable. — Sillé.

— 10 hectares de terres assolées. — Ballon, Pontvallain.

— 11 hectares. — Ecommoy.

— 13 hect. de terre arable. — Montfort.

(1) Dans ce canton, si elles ne sont pas payées dans l'année, le propriétaire peut en exiger le prix en argent ou les reporter sur l'année suivante.

— 13 hect. 20 ares. — Brûlon.

— 14 hect. — Loué.

— 15 hect. 40 cent. — Bouloire.

— 17 hect. 60 ares. — La Suze.

— Toute exploitation faite avec des bœufs.
— La Flèche, Le Lude.

— Toute exploitation d'un fermage supérieur à 500 francs.

— Toute exploitatation dont la culture exige plusieurs chevaux.
— Grand-Lucé.

FERME A MOITIÉ. — *V.* **Colonie partiaire.**

FEUILLES VERTES. — *V.* **Érussage.**

FEUILLES SÈCHES. — Le fermier ou colon peut les ramasser dès qu'elles sont tombées.
— Bouloire, Brûlon, Château-du-Loir, Fresnay, **La Suze,** La Flèche, La Ferté-Bernard, La Chartre, Grand-Lucé, Loué, Mamers, Marolles, Mayet, Montmirail, Montfort, St-Calais, St-Paterne, Tuffé.

— Le fermier peut les prendre pendant l'hiver.
— Malicorne, Pontvallain, Sablé.

— Il les ramasse du 1er novembre au 1er avril, dans les champs ensemencés en blé.
— Bonnétable.

— Elles se ramassent vers le mois de février.
— Ecommoy.

— L'*entrant* les ramasse pendant l'hiver.
— Sablé.

— L'entrant les recueille à partir du 2 février.
— Sillé.

— L'entrant au 1er mai peut les ramasser dès le 1er décembre qui précède sa jouissance. Il ne peut pénétrer dans les champs semés en gros blés.

S'il entre au 1er novembre, il ne peut les ramasser dans les champs ensemencés dont la récolte se partage.
— Conlie.

— Les fermiers ne peuvent ramasser les feuilles sèches dans les bois taillis qui leur sont affermés.
— Beaumont, Bouloire, Brûlon (1), Château-du-Loir, Ecommoy, Fresnay, La Flèche, La Fresnaye, La Ferté-Bernard, La Chartre, Grand-Lucé, Malicorne (1), Marolles, Mayet, Montmirail, Montfort, Pontvallain (1), Sablé, Sillé, St-Paterne, Tuffé.

— Ils le peuvent, si le bois taillis leur est loué avec un corps de ferme, autrement non.
— Conlie.

— Les fermiers le peuvent, sans distinction.
— Bonnétable (2), La Suze, Loué, Mamers, St-Calais, Vibraye.

— Les feuilles sèches doivent se consommer sur place.
— Beaumont, Bouloire, Château-du-Loir, Conlie (3), Ecommoy, Fresnay, La Flèche, La Ferté-Bernard, La Chartre, Grand-Lucé, Loué, Malicorne, Marolles, Montmirail, Montfort, Sablé, St-Paterne, St-Calais, Tuffé.

— Les fermiers en ont la disposition absolue.
— Mamers.

FILASSE. — Lorsqu'on a donné de la filasse à filer, la personne qui l'a reçue doit rendre la quantité de fil ci-après déterminée. :

---

(1) Excepté l'année où l'on fait la coupe des bois.
(2) Lorsque les taillis ont 3 ans.
(3) Sauf le cas où elles proviennent de terres détachées et de taillis affermés isolément.

— Si c'est du brin, la même pesanteur en fil ; si c'est de la filasse en gros, on accorde un déchet de un douzième.

— Château-du-Loir.

— Si c'est du brin, le déchet ne peut être que de la 250e partie. Pour le gros, le déchet est de la 25e partie.

— Brûlon.

— La question du déchet n'est pas déterminée : il doit être peu considérable.

— Grand-Lucé.

— Les deux poids doivent être égaux.

— Bouloire, Conlie, La Fresnaye, Pontvallain, Sablé, Tuffé.

— Le déchet est de 30 à 40 gr. par kilog.

— Vibraye.

— On doit rendre le même poids, à l'exception du fil de gros où l'on accorde 40 gr. par kilog.

— La Flèche.

— Pour le gros seulement, on accorde un quinzième ou un vingtième de déchet.

— Ecommoy, Marolles.

— Pour le gros seulement, on accorde 125 gram. de déchet par kilog.

— Bonnétable.

— On doit rendre le même poids si la filasse est apprêtée, sinon le poids diminue d'un septième.

— St-Calais.

— Un dixième en moins.

— Ballon (1), Le Lude.

---

(1) Si c'est du gros seulement.

— La différence n'est pas déterminée pour le gros : elle doit être minime.

— La Chartre, Montfort.

— FOINS. — Fermier sortant. — Quantité qu'il doit laisser à son successeur.

— *Le sortant au 1er mai* doit laisser 112 kil.500 gr. par hectare ensemencé en gros blés.

— Le Mans (1er et 2e c.).

— Tous les foins de la dernière récolte, excepté 112 kil. 500 par hect. ensemencé en gros blés, s'il sort au 1er novembre.

— Le Mans (1er c.).

— Tous les foins. Le sortant au 1er novembre a seulement le droit de faire pacager les regains et consommer les vieux trèfles.

— Le Mans (2e c.).

— Le sortant au 1er mai laisse 112 kil. de foin par hectare semé en gros blé. Pour le sortant au 1er novembre, c'est la règle inverse qu'on applique.

— Le Mans (1) (3e c.).

— *Id...* N'est pas tenu de laisser de foin. Le sortant au 1er novembre, s'il a ensemencé du blé, peut en faire consommer 50 kil. par 44 ares de labour, et pourvu que cette quantité n'excède pas le sixième des foins récoltés.

Les travaux de fumure sont considérés comme labours.

— Ballon.

---

(1) Il n'y a d'exception à cette règle que pour les communes de Parigné et d'Yvré-l'Évêque.

— *Id*... Laisse 50 kil. par 44 ares semés en blés. Le sortant au 1er novembre, qui fait les semailles, peut en faire consommer la même quantité.

— Beaumont, Conlie, La Flèche, Loué, Sillé.

— *Id*... Laisse un sixième. Le sortant au 1er novembre, deux tiers.

— Ecommoy, Le Lude.

— *Id*... Laisse 50 kil. par 44 ares de guérets. Le sortant au 1er novembre ne peut faire consommer aucune partie des foins.

— La Suze.

— *Id*... Laisse 50 kil. par 44 ares de guérets. Le sortant au 1er novembre laisse à son successeur tous les foins, moins 50 kilog. par 44 ares de gros blés ensemencés.

— Malicorne.

— *Id*... Laisse 50 kil. de foin par 44 ares de guérets. Le sortant au 1er novembre laisse les deux tiers du foin de la dernière récolte et la totalité des vieux.

— Mayet, Pontvallain.

— *Id*... N'est pas tenu de laisser de foin. Le sortant au 1er novembre peut en consommer 100 kil. par hectare de gros blés.

— Sablé.

— *Id*... Laisse 50 kil. par 44 ares de gros blés. Le sortant au 1er novembre peut en faire consommer 150 kil. par 44 ares ; si avec cette base on excède le tiers des foins, on l'abaisse à 100 kil.

— Bonnétable, Marolles.

— La quantité à laisser est déterminée par la visite et montrée.

— Fresnay.

— **Le *sortant au 1er novembre*** peut consommer un tiers des foins ; il laisse les deux tiers.

— Bouloire, Château-du-Loir, Grand-Lucé, La Chartre, Montfort, Montmirail, St-Calais, Tuffé, Vibraye.

— *Id...* En laisse 112 kil. 500 gr. par hectare ensemencé en blés avant sa sortie.

— Brûlon.

— *Id...* Consomme le tiers des foins ou 350 kil. par hectare, au choix de l'entrant.

— La Ferté-Bernard.

— Le sortant au 1er mars ou à Pâques n'est pas tenu de laisser de foin à son successeur, sauf s'il en a reçu au commencement de la jouissance. Il peut faire consommer les vieux foins un mois après sa sortie.

— La Fresnaye.

— Le sortant au 1er mai ou à Pâques laisse une quantité de foin égale à celle qu'il a trouvée à son entrée.

— St-Paterne.

— **Fauchage, fanage et enlèvement des foins** (Epoque du). — Le fauchage doit avoir lieu avant le 22 juillet. L'enlèvement des foins doit se faire avant le 15 août.

— Ballon.

— **Dès la maturité.** — Conlie (1), Ecommoy.

— Ils doivent être fauchés dès la maturité et enlevés avant le 15 juillet.

— Loué.

---

(1) Sauf dans les communes de Tennie et de Bernay où les prairies sont soumises au droit de vaine pâture.

— Les prés communs doivent être fauchés avant le 22 juillet et enlevés avant le 15 août.

-- Montfort.

— Les foins doivent être enlevés avant le 22 juillet des prairies non closes.

— La Flèche.

— On les fauche du 24 juin au 15 juillet ; ils doivent être enlevés avant le 22.

— Brûlon.

— Ces divers travaux se font du 24 juin au 8 septembre.

— Malicorne.

— Ces travaux doivent être faits dans le cours de juillet.

— La Fresnaye, Le Lude.

— ...Du 22 juillet au 22 août (prairies non closes).

— Mayet.

— ...Du 1er au 22 juillet (prairies non closes).

— Pontvallain.

— La coupe doit être terminée le 15 juillet et l'enlèvement le 22 juillet.

— Sablé.

— La coupe commence le 24 juin. Aucun délai n'est fixé pour l'enlèvement des foins.

— Beaumont.

— L'enlèvement se fait du 22 juillet au 6 septembre inclus.

— Bonnétable.

— La coupe se fait du 15 juin au 15 juillet. L'enlèvement commence aussitôt après.

— Fresnay.

— Dans les prairies communes, la piemière herbe se coupe du 24 juin au 10 août. L'enlèvement ne peut commencer qu'après le 22 juillet toutes les fois qu'il faut passer sur un terrain non fauché.

— La Ferté-Bernard, Tuffé.

— Les foins doivent être coupés en juillet et enlevés avant le 25 août des prairies non closes.

— Montmirail.

— Dans les prairies non closes on commence à faucher le 29 juin. Le foin doit être enlevé le 20 juillet.

— St-Calais.

— Du 24 juin au 1er août. S'il s'agit de prairies non closes ou communes, l'enlèvement doit être terminé le 15 août.

— Bouloire.

— L'enlèvement des foins des prés communs commence le 8 juillet, il doit être achevé le 15 août.

— Grand-Lucé.

— Les foins doivent être coupés le 22 juillet et enlevés le 1er août des prairies non closes.

— La Chartre.

— La coupe et le fanage ont lieu du 24 juin au 15 juillet; l'enlèvement se fait avant le 1er août.

— Marolles.

— **Frais de fauchage et de fanage** (Répartition des). — **Partage des foins entre le sortant et l'entrant.**

— Ces frais sont supportés par le sortant, qui se

trouve sur les lieux lorsque ces travaux doivent être accomplis.

— Ballon, Beaumont, Bonnétable, Bouloire, Conlie, Ecommoy, Fresnay, La Fresnaye, La Chartre, La Suze, Grand-Lucé, Le Mans (les 3 c.), Loué, Mamers, Mayet, Marolles, Montmirail, Montfort, St-Calais, St-Paterne, Sillé, Tuffé, Vibraye.

— Les travaux sont à la charge de l'entrant au 1er novembre. Au contraire, ils sont à la charge du sortant au 1er mai.

— Brûlon, La Flèche, Sablé.

— Le sortant supporte un tiers des frais, l'entrant les deux autres tiers. Mais si ce dernier ensemence les gros blés, comme il a droit à tous les foins, il supporte tous les frais.

— Le Lude.

— Le sortant supporte les frais de fauchage et de fanage. Le partage par tiers se fait sur place.

— Château-du-Loir, Pontvallain.

— L'entrant préside au partage.

— Ballon, Conlie, Montfort.

— **Transport des foins à la ferme ; mise en meule.** —Il est à la charge du sortant, qui doit faire les travaux par un temps convenable.

— Ballon (1), Beaumont, Bonnétable, Bouloire, Conlie, Fresnay, Ecommoy, La Chartre, La Fresnaye, La Ferté (1), La Suze, Grand-Lucé, Loué, Mamers, Marolles, Mayet, Montmirail, Montfort (1), St-Paterne, St-Calais, Sillé, Tuffé.

— Le transport est fait par le sortant, la mise en meule par l'entrant.

— Brûlon.

---

(1) Dans ces trois cantons l'entrant indique le lieu où il veut installer les barges.

— Le transport est fait par le sortant, mais chacun met en meule la portion qui lui appartient.

— Pontvallain, Sablé.

— Les deux opérations sont à la charge de l'entrant.

— La Flèche, Malicorne (1).

— Le sortant y contribue pour un tiers, l'entrant pour les deux autres tiers.

— Le Lude.

— **Graine de foin tombée dans les greniers.** — (Attribution).

Elle appartient à l'entrant, qui doit l'employer sur la ferme.

— Ballon, Beaumont, Bonnétable, Bouloire, Brûlon, Château-du-Loir, Conlie, Ecommoy, Fresnay, Grand-Lucé, La Chartre, La Flèche, Le Lude, La Suze, Mayet, Malicorne, Montmirail, Marolles, Pontvallain, St-Calais, St-Paterne, Sablé, Tuffé, Vibraye.

— Elle doit être jetée dans les prés par celui qui nettoie le bâtiment.

— Montfort.

FORGE. — Construction près d'un mur mitoyen. — Il faut construire un contre-mur de 0 m. 33 cent. et laisser un espace vide de 50 cent.

— Le Mans (les 3 c.).

— On doit laisser un espace vide de 15 à 16 cent. et construire un contre-mur de 33 cent.

— Ballon, La Flèche, Pontvallain, St-Calais.

— L'intervalle vide doit avoir 16 cent. et demi et le contre-mur 33 cent.

— Conlie, Montfort, La Suze, Sablé.

---

(1) Sauf pour les communes de St-Jean-du-Bois et de Muzeray.

— L'intervalle vide doit être de 33 cent.

— Montmirail.

— On construit un contre-mur en briques sur plat de 15 à 20 cent.

— Fresnay.

— On se contente d'un contre-mur de 0,33 cent.

— Malicorne.

— Même règle : on donne au contre-mur une hauteur de 1 m. 10 cent.

— La Ferté-Bernard.

— Le contre-mur doit être de 17 cent.; s'il est près d'un pan de bois ou non, il doit avoir 33 cent. et règner dans toute l'étendue de la forge.

— Bonnétable.

— Il faut laisser un contre-mur de 16 cent. et un espace vide de 15 à 20 cent.

— Le Lude.

— On suit l'art. 190 de la coutume de Paris qui veut qu'on laisse un demi-pied d'intervalle et qu'on construise un contre-mur d'un pied.

— Beaumont, La Chartre, Marolles, St-Paterne.

— L'espace vide doit être de 22 cent. et le contre-mur de 33 cent.

— Bouloire.

— L'espace vide doit avoir 666 millimètres et le contre-mur 33 cent.

— Grand-Lucé.

— La largeur du contre-mur n'est pas déterminée.

— Brûlon, Château-du-Loir, Ecommoy, La Fresnaye, Loué, Mamers, Mamers, Sillé, Vilbraye.

FOSSE A FUMIER. — Précautions à prendre pour l'établir près d'un mur.

— Que le mur soit ou non mitoyen, il faut élever un contre-mur de 33 cent. jusqu'à la hauteur à laquelle atteignent les monceaux de fumier.

— Conlie (1), La Ferté.

— La hauteur du contre-mur n'est pas déterminée, il doit avoir 33 cent. d'épaisseur.

— Ballon, Le Mans La Flèche (les 3 c.), Malicorne, Montmirail.

— L'épaisseur du contre-mur est de 22 cent.

— La Suze, Montfort, Sablé.

— Le contre-mur doit avoir 66 cent; sinon il faut laisser une distance de 2 mètres.

— Pontvallain.

— Le contre-mur doit avoir 22 cent., s'élever jusqu'où montent les masses de fumier et avoir une profondeur de 66 cent.

— Beaumont, Bonnétable, La Chartre, Marolles, St-Paterné.

— Même règle que ci-dessus, mais l'épaisseur est de 23 cent.

— Bouloire.

— Le contre-mur doit avoir 33 cent., et s'élever un peu au-dessus des fumiers.

— Grand-Lucé.

— Le contre-mur doit être construit en chaux hydraulique. — Sa hauteur et son épaisseur ne sont pas déterminées.

— Fresnay.

___

(1) Si l'on ne veut pas faire le contre-mur, il faut laisser un intervalle d'un mètre.

— Le contre-mur doit avoir 50 cent. d'épaisseur.

— Tuffé.

— Le contre-mur doit avoir 24 cent. d'épaisseur, descendre à la profondeur des fondations du mur et s'élever jusqu'au sommet du tas de fumier.

— Le Lude.

— L'épaisseur du contre-mur n'est pas déterminée.

— Brûlon, Château-du-Loir, Ecommoy, La Fresnaye, Loué, Mamers, Mayet, Sillé, Vibraye.

FOSSÉS. — Largeur. — Profondeur. — Terrain à laisser entre le fossé et l'héritage voisin.

— Les fossés de clôture ont, à l'ouverture, 1 mèt. de largeur. Sa profondeur est indéterminée. On conserve un relit de 16 cent.

— Le Mans (les 3 c.).

— La largeur des fossés est, à l'ouverture, de 1 m. 33 cent.; à la base elle est de 33 à 66 cent. — Profondeur, 66 cent. Relit, 16 cent. 75es.

— Ballon.

— A l'ouverture, 1 m.; de 33 à 40 cent. à la base. — Profondeur, de 50 à 66 cent.; le relit est de 17 cent.

— Conlie.

— Les fossés de clôture n'ont pas de largeur déterminée; le relit du côté du voisin est toujours de 16 cent.

— Ecommoy, Fresnay, Grand-Lucé, Le Lude, La Suze, Marolles, St-Calais, Tuffé.

— Les fossés ne sont mitoyens qu'autant qu'ils peuvent être considérés comme cours d'eau et qu'il n'existe de talus d'aucun côté.

— A l'ouverture, la largeur est de 1 m. 33 c.; au fond, elle est de 66 c. La profondeur est de 66 cent. La lisière ou bandière a 16 cent. et demi.

— Bouloire (1), Montfort.

— La largeur et la profondeur sont d'un mètre, le relit de 16 cent.

— Sillé.

— L'ouverture des fossés est de 1 m. 50 c. au sommet et de 28 cent. à la base : la profondeur est de 83 cent. Le relit est de 17 cent.

— La Flèche.

— L'ouverture est de 1 m., la profondeur, de 67 cent., et le relit, de 16 cent. et demi.

— Brûlon.

— La largeur des fossés n'est pas fixée. Le relit seulement doit avoir 17 cent.

— La Fresnaye, Malicorne, Mayet, Vibraye.

— Même règle. — Le relit est de 16 cent. et demi.

— Mamers, Pontvallain, Sablé.

— A l'ouverture, les fossés doivent avoir 1 m. 16 c. et demi (non compris la bandière ou relit); la profondeur est du tiers de cette largeur. Le relit est de 16 cent. et demi.

— Beaumont.

— A l'ouverture, les fossés ont 1 m.; au fond, 50 cent. La profondeur est de 50 cent. La bandière est de 16 cent. et demi.

— Bonnétable.

---

(1) A l'ouverture la largeur est de 1 m. 50 cent.

— Les riverains de prairies communes sont obligés de se clore. Le fossé doit avoir 1 m. 33 c. de largeur sur 1 m. de profondeur. La largeur du relit est de 17 cent.

— La Ferté-Bernard.

— Les fossés ont les mêmes dimensions que ci-dessus.

— Montmirail.

— Les fossés ont à l'ouverture un mètre sur 70 ou 80 de profondeur. Le relit est de 17 cent.

— St-Paterne.

— Le relit ou la semelle doit avoir 0,33 cent.

— La Chartre.

— Le propriétaire du fossé est regardé comme propriétaire du relit, qui doit avoir 20 cent.

— Loué.

— **Jouissance du relit**. — *Elle est réservée* au propriétaire limitrophe, quoique le terrain appartienne au propriétaire du fossé.

— Brûlon, La Ferté-Bernard, Sablé.

— ... Au propriétaire du fossé. — Mais, pour en jouir, il n'a pas le droit de passer sur la propriété du voisin.

— Ballon, Beaumont, Bonnétable', Bouloire, Ecommoy, Fresnay, Grand-Lucé, La Chartre, La Flèche, La Fresnaye, La Suze, Loué, Le Lude, Mamers, Marolles, Malicorne, Mayet, Montfort, Montmirail, Pontvallain, Sillé, St-Calais, St-Paterne, Vibraye.

— ... Au propriétaire du fossé, seulement pour les produits spontanés, car il n'a pas le droit de cultiver cette bande de terre.

— Conlie, Château-du-Loir, Tuffé.

— **Droit de clôturer l'extrémité du fossé du voisin.**

— ... *Permis*, lorsque ce bout de fossé établit une communication entre les deux propriétés. La clôture se fait avec des branches de bois mort, en laissant un intervalle entre chacune d'elles.

— Brûlon, Conlie, Grand-Lucé, Montfort, Montmirail, Marolles, Sablé.

— On peut le clore avec des limandes.

— Beaumont, Mayet.

— La clôture doit être en bois sec, en palissades ou en épines.

— La Fresnaye, Loué, St-Paterne.

— La clôture ne doit pas gêner l'écoulement des eaux.

— Pontvallain.

— Ce droit de clôturer n'existe pas.

— Ballon , Bouloire, Bonnétable , Ecommoy, La Ferté-Bernard, La Flèche, La Chartre, La Suze, Le Lude , Malicorne, Mamers, St-Calais, Sillé.

— On peut, pour éviter le passage des bestiaux, faire une clôture avec des gaules sèches.

— Vibraye.

— **Curage et réparation des fossés.** — Les fossés sont réparés à chaque coupe de haie et aussi souvent que besoin en est.

— Ballon, Beaumont, Bonnétable, Bouloire, Brûlon, Château-du-Loir, Conlie, Ecommoy, Fresnay, Grand-Lucé, Le Mans (les 3 c.), La Flèche, La Fresnaye, La Ferté-Bernard, La Chartre, Le Lude, Loué, La Suze, Mayet , Montmirail, Malicorne, Marolles, Montfort, Mamers, Pontvallain (1), Sablé, Sillé, St-Calais, St-Paterne, Tuffé, Vibraye.

---

(1) Ces réparations doivent être faites avant le 1er juillet.

FOSSES D'AISANCE. — Précautions à prendre pour leur installation près d'un mur mitoyen ou non.

— Il faut un contre-mur de 0,33 cent.

— Le Mans (les 3 c.), Montmirail.

— Le contre-mur est de 33 cent. Si elles sont établies près d'un puits, l'épaisseur doit être de 67 cent. à partir du parement extérieur des deux ouvrages.

— Ballon.

— Dans cette dernière hypothèse, il faut 1 mètre 33 cent. de bonne maçonnerie : dans les autres cas, il suffit d'un contre-mur de 33 cent.

— Bouloire, Bonnétable, Conlie, Grand-Lucé (1), Montfort (1), Sablé (1), St-Calais.

— On doit laisser entre puits et fosses d'aisance un mètre de distance ; dans les autres cas, le contre-mur est de 33 cent.

— La Suze.

— Le contre-mur doit avoir de 35 à 40 cent.

— Loué.

—Près d'un mur mitoyen ou non, il faut un contre-mur de 33 cent. Près d'un puits ou d'une autre fosse, il faut, outre le contre-mur, une distance de 2 m.

— La Flèche, Le Lude (2), Malicorne.

— Le contre-mur doit avoir 66 c. d'épaisseur.

— Pontvallain.

---

(1) La maçonnerie de 1 m. 33 ne peut être exigée si c'est le puits qui est construit en dernier lieu.

(2) On établit des contre-murs d'un mètre d'épaisseur et on fait paver le fond à mortier.

— L'épaisseur du contre-mur n'est pas déterminée.

— Brûlon, Château-du-Loir, Ecommoy, La Fresnaye, Mamers, Mayet, Sillé, Vibraye.

— On suit l'art. 191 de la coutume de Paris qui exige un contre-mur d'un pied si la fosse est placée contre un mur et un contre-mur de 4 pieds s'il y a un puits de l'autre côté.

— Beaumont, La Chartre, Marolles, St-Paterne.

— Le contre-mur doit avoir 50 cent.

— Tuffé.

FOURMILLIÈRES. — Destruction. — Obligatoire pour le fermier dans les champs, prés et jardins.

— Ballon, Beaumont, Bonnétable, Conlie, Château-du-Loir, Grand-Lucé, Fresnay, La Chartre, La Ferté-Bernard, Loué, La Suze, La Flèche, Marolles, Mamers, Montfort, Montmirail, Pontvallain, Sablé, Sillé.

— Obligatoire pour les prés seulement.

— Brûlon, Ecommoy, Le Lude, St-Calais, St-Paterne.

— Elle n'est pas obligatoire.

— Bouloire, La Fresnaye, Tuffé, Vibraye.

FOURNEAU. — Distances à observer pour la construction. *V.* Forges.

FOURNITURE. — On entend par fourniture, 21 pour 20, c'est-à-dire la vingtième partie en sus de la marchandise vendue.

La fourniture du 20e en sus du nombre exprimé dans la vente ne se donne pas, *en général,* sans qu'il y ait convention expresse.

— On donne sans convention 21 pour 20, quand il s'agit de *fruits à cidre, pommes de terre, cendre, charrée et son.*
— Conlie.

— *Id...* Lorsqu'il s'agit de carreaux, voliges, lattes, charniers.
— St-Calais.

— *Id...* Pour le son et le bois. — Tuffé.

— *Id...* Pour les torches de cercles. — St-Paterne (1).

— Quand on achète à la fourniture, il est de plein droit levé 21 pour 20.
— Sablé.

FOURRAGES. — Consommation par le sortant. *V.* Foin, Luzerne, Pacage, Paille, Plantes fourragères, Prairies artificielles, Regains, Sainfoin, Trèfle.

— Le sortant ne peut emporter les fourrages qu'il n'a pu faire consommer en nature.
— Généralement accepté.

FOURS. — Construction près d'un mur mitoyen ou non. — Mêmes règles que pour les forges et fourneaux.
— Ballon, Beaumont, Brûlon, Bouloire, Château-du-Loir, Conlie, Écommoy, Grand-Lucé, La Fresnaye, Le Mans (les 3 c), La Suze, La Chartre, La Flèche, Loué, Montfort, Marolles, Malicorne, Mayet, Mamers, Montmirail, Pontvallain (2), St-Calais, Sablé, St-Paterne, Vibraye.

— Le contre-mur doit être de 16 cent. d'épaisseur.
— Le Lude.

------

(1) La torche comprend 24, 12 ou 6 cercles, suivant leur grandeur.

(2) Il suffit d'un contre-mur de 0 m. 33 cent., sans vide pour un four de ménage.

— Le contre-mur doit avoir 50 cent.
— Tuffé.

— Il doit avoir 16 cent. d'épaisseur et 2 m. de hauteur.
— La Ferté-Bernard.

— Le contre-mur doit avoir 33 cent.
— Bonnétable.

— La largeur du contre-mur n'est pas déterminée.
— Fresnaye, Sillé.

— Droits d'usage et de Communauté. — Celui qui a droit à un four ne peut s'en servir que du lever au coucher du soleil, et jamais les jours fériés et les dimanches. Les cendres, faites par lui, restent sa propriété, mais il doit les enlever de suite.
— Bonnétable, Conlie.

— Les simples usagers d'un four ne s'en peuvent servir que du lever au coucher du soleil.
— Ballon, Bouloire, Brûlon, Fresnaye, La Ferté-Bernard, Marolles, Montfort, Montmirail, St-Paterne, Tuffé, Vibraye.

— Si le four est dans la maison du voisin, il faut prévenir le maître vingt-quatre heures à l'avance, chaque usager emporte ses cendres.
— Brûlon, Sablé.

— Les fours ne sont à la disposition des usagers que de six heures du matin à six heures du soir en hiver, et en été, du lever au coucher du soleil. Chacun emporte ses cendres.
— Grand-Lucé.

— L'usager doit prévenir le propriétaire, mais le délai n'est pas déterminé.
— St-Paterne.

— Les cendres appartiennent à celui qui a fourni le bois pour chauffer le four.

— Bouloire, Brûlon, Beaumont, Bonnétable, La Ferté-Bernard, Fresnaye, La Suze, Le Lude, Montfort, Mamers, Mayet, Malicorne, Marolles, Montmirail, St-Paterne, Sillé, Tuffé.

— Les cendres restent au propriétaire du four.

— Ballon, La Flèche, Montfort, Vibraye.

FRICHES. — Toutes les friches restent à la disposition du sortant au 1er mai, jusqu'au jour de sa sortie. — Cependant son successeur peut dès le 1er décembre, dans les deux tiers des friches, préparer les guérets pour les chaumes, haricots, pommes de terre, etc.

— Conlie.

FROMENT. — Se trouve compris sous la dénomination de gros grains ou gros blés.

FRUITS. — Attribution des fruits des arbres dont les branches s'étendent sur la propriété du voisin. — Le propriétaire partage avec le possesseur de l'arbre les fruits tombés sur son fonds.

— Ballon (1-2), Brûlon (2), Bouloire (2), Beaumont, Conlie, Château-du-Loir, Fresnaye, Loué (1), La Suze (1), La Chartre (2), La Fresnaye, La Ferté (2), Montfort (2), Malicorne, Mayet (2), Mamers (1), Marolles (1), St-Calais, Sillé, St-Paterne, Sablé (2), Tuffé (2), Vibraye.

— Les fruits tombés appartiennent en totalité au propriétaire du terrain sur lequel ils se trouvent.

— Bonnétable, Ecommoy, Grand-Lucé, Montmirail (lors même qu'ils ne seraient pas tombés).

---

(1) Mais le propriétaire de l'arbre peut à son gré couper les branches et celui du terrain exiger qu'elles le soient, sans que, de part ni d'autre, on puisse opposer la prescription.

(2) On partage même les fruits cueillis.

— Les fruits appartiennent exclusivement au propriétaire de l'arbre.

— La Flèche, Le Lude (1).

— Attribution des fruits des arbres plantés dans les récoltes qui se partagent. — Ils appartiennent à l'entrant; il n'y a d'exception que pour le canton du Lude, où ils se partagent par moitié.

— Droits des fermiers sur les fruits par eux cueillis. — Les fermiers disposent comme bon leur semble des fruits à cidre par eux cueillis, sur la ferme ou sur le bordage; ils peuvent les vendre ou les enlever à leur sortie, sauf dans le canton du Lude, où les cidres doivent être faits sur la ferme.

Si le propriétaire a fait réserve des fruits, ceux qui tombent jusqu'au 8 septembre appartiennent aux fermiers.

— Beaumont, Tuffé.

FUMIER. *V.* Engrais.

G

GENÊTS. Les genets des clairières se coupent en même temps que les bois taillis.

— Montfort.

GLANAGE. — Un arrêté préfectoral du 1er juillet 1817 règle l'exercice de ce droit dans le département.

____

(1) S'ils tombent sur la propriété du voisin et qu'ils y causent du dommage, le propriétaire de l'arbre est responsable.

GOURMANDS. — *V.* Arbres fruitiers.

GOUSSIERS. — *V.* Pailles.

GRAINS. *V.* Ensemencement, récolte, partage des grains, semences, gros blés, menus grains.

GRAPPILLAGE.—L'exercice de ce droit est également réglé par l'arrêté préfectoral du 1er juillet 1817.

GRETTES. — Nom donné, dans quelques cantons, aux débris de chanvre. *V.* le mot.

GROS BLÉS et GROS GRAINS. — Sous cette dénomination, sont compris : froments, méteils et seigles, ensemencés sur franc guéret et sur la première sole ou cotaison, par opposition aux *menus grains* qui s'ensemencent au printemps sur la deuxième sole, du moins dans la plupart des cantons.

GUÉRETS. *V.* Labours.

GUI. *V.* Arbres fruitiers.

H

HAIES SÈCHES. — **Mitoyenneté ou non**. — Sont réputées mitoyennes, les haies sèches établies sur la ligne même, de sépararation des deux héritages.

— Généralement accepté.

— Il y a marque de non mitoyenneté, si, au cas de lissé, les nœuds des traits sont d'un seul côté. La haie est réputée mitoyenne dans le cas contraire.
— Ecommoy, Mamers, Pontvallain.

— S'il n'y a de traverses que d'un seul côté, la haie est réputée appartenir au propriétaire sur le terrain duquel se trouvent les traverses.
— Bonnétable.

— Même règle que ci-dessus, s'il s'agit de pieux.
— Montfort.

— Même règle, si les poteaux sont placés d'un seul côté de même que le nœud qui attache les traverses soutenant les haies sèches.
— La Chartre.

HAIES VIVES. — Propriété des haies. — Détermination de la mitoyenneté. — S'il y a haie et fossé, la haie appartient en entier au propriétaire du terrain du côté duquel elle se trouve.

Les haies sans fossés sont réputées mutuelles.

Les haies avec deux fossés sont censées mitoyennes.
— Généralement accepté.

— Il y a marque de non mitoyenneté quand les haies ne sont inclinées que d'un seul côté ; elles sont alors au propriétaire sur le terrain duquel poussent les racines.
— Château-du-Loir, Malicorne.

— Il y a marque de non mitoyenneté, si le terrain sur lequel elles se trouvent est élevé de 50 cent. au-dessus du voisin.
— Pontvallain.

— L'existence dans la haie d'anciennes souches d'épines blanches, nommées grettes, est une preuve de non mitoyenneté.
— Ballon.

— Toute haie plate, plantée le long d'un fossé sans rejet, est réputée dépendre du terrain du côté duquel se trouve la haie.
— St-Calais.

— Largeur des haies mitoyennes.—2 m. 32 c., soit 1 m. 16 c. de chaque côté des marmenteaux.
— Le Mans (1er et 3e c.) (1).

— ... 2 m. 30 à 2 m. 50 c.
— (Le Mans (2e c.).

— Les haies mitoyennes, qui clôturent cours et jardins, doivent avoir 1 m.; les autres 2 m. 33 c.
— Ballon , Bonnétable, Fresnaye , La Ferté-Bernard, La Fresnaye, Malicorne.

— Celles qui clôturent cours et jardins n'ont que 50 c., lors même qu'elles donneraient sur des prés et jardins; les autres ont 2 m. 33 c.
— Conlie.

— 1 mètre sans distinction.
— Ecommoy, La Flèche , La Chartre, Pontvallain.

— Les haies entre champs, prés, pâturages, bois, landes et sapinières, ont 2 m. 33 c., celles des vignes, cours et jardins ont un mètre.
— Bouloire, La Suze, Montfort.

— 2 m. 33 c. sans distinction.
— Brûlon (2), Mamers, Montmirail, Sablé, Sillé.

---

(1) Sauf Parigné - l'Evêque où elles n'ont qu'un mètre 20 cent.
(2) Sauf les haies dites d'agréments qui se taillent tous les ans et tous les deux ans et qui n'ont qu'un mètre.

— 0m. 33 cent.
— Le Lude.

— 2 m. 30 c., si elles ne se taillent pas annuellement, sinon il suffit de 50 cent. ou d'un mètre.
— Beaumont.

— 2 m. 33 c., sauf entre jardins, cas auquel il n'y
a pas de largeur déterminée.
— St-Paterne.

— 2 m. 25 c. sans distinction.
— Tuffé.

— 2 m. 27 c. et 1 mètre seulement s'il s'agit de
jardins.
— St-Calais.

— 2 m. 26 c.; si la haie est entre vignes, cours et
jardins des deux côtés, 1 m.; si le terrain voisin est
d'une autre nature, 1 m. 13 cent.
— Grand-Lucé.

— 2 m.32 c.; entre jardins, cours et prés, de 50 c.
à 1 mètre.
— Vibraye.

Destruction des haies (mitoyennes ou non).

— Pour les haies mitoyennes, la destruction est
obligatoire si un seul des co-propriétaires la de-
mande.
— Ballon.

— Il faut, dans ce cas, le consentement de tous les
propriétaires, excepté lorsqu'on veut remplacer la
haie par un mur de clôture, auquel cas le co-propriétaire peut prendre la moitié de la haie.
— Bouloire, Conlie, Grand-Lucé, Montfort, La Suze, St-
Calais, St-Paterne.

II   8.

— Il faut, dans tous les cas, le consentement mutuel.

— Beaumont, Bonnétable, Château-du-Loir, Ecommoy, La Fresnaye, La Ferté-Bernard, La Flèche, Loué, La Chartre, Montmirail, Malicorne, Mayet, Marolles, Pontvallain, Tuffé, Vibraye.

— L'un des co-propriétaires peut demander la destruction de la haie mitoyenne, mais à la charge de se clore de son côté par un mur ou fossé.

— Brûlon, Sablé.

— Le fermier ne peut détruire les haies, et, en principe, il lui est interdit d'y prendre de la terre et d'en arracher le bois. A ce principe, on a apporté le tempérament suivant :

Le fermier peut prendre de la terre, dans les haies des champs qu'il ensemence, pour éteindre sa chaux.

— Conlie, Sablé.

— Il peut prendre de la terre sur les chaintres afin de l'étendre dans les champs.

— Ballon, Marolles.

— **Coupe et hauteur des haies** (mitoyennes ou non). — Haies non mitoyennes, 1m. 33 de haut, à partir du sol, lorsqu'elles séparent cours, jardins, prés et vignes.

Si elles se trouvent sur le bord d'un chemin, elles doivent avoir 2 mètres.

Elles doivent être taillées toutes les fois que leurs branches s'étendent sur la voie publique ou au delà de la ligne séparative.

— La Suze.

— Haies mitoyennes, 1m. 50 (de hauteur).

— La Flèche, Sablé.

— Haies mitoyennes ou non, 1m. 50.

— Le Lude, Malicorne.

— Haies mitoyennes ou non, 1m. 33.

— Bonnétable, La Fresnaye, La Ferté-Bernard (1), Marolles, Montfort, Vibraye (1).

— Haies entre cours et jardins doivent avoir 1m.33; les autres n'ont pas de hauteur déterminée.

— Beaumont, Ecommoy.

— Haies plates non mitoyennes, de 1m. 33 à 1m.50.

— Pontvallain.

— Les haies de clôture se coupent à 1 mètre, sauf pour les jeunes haies dont la première coupe se fait ras le sol, vulgairement *sur le sabot*.

— Château-du-Loir.

— Les haies mitoyennes ou non peuvent avoir jusqu'à 3 mètres.

— Grand-Lucé.

— *Dans les autres cantons* il n'y a pas de régle fixe.

— **Entretien et réparation des haies mitoyennes ou non.** — *V.* Bois taillables et clôture.

— Les talus doivent être réparés à chaque coupe, et plus souvent si besoin est.

— Bouloire, Brûlon, Bonnétable, Conlie, Fresnay, Grand-Lucé, Loué, La Suze, Le Lude, La Chartre, La Fresnaye, Montfort, Malicorne, Sillé, St-Paterne.

— Les haies doivent être telles que les pièces de terre qu'elles entourent soient toujours défendables.

— Sablé.

---

(1) Seulement pour les haies entre cours et jardins ; les autres n'ont pas de hauteur déterminée.

— Elles sont réparées à chaque coupe de bois taillable.

— Ballon, Château-du-Loir, Ecommoy, La Ferté-Bernard, La Flèche, Montmirail, Mayet, Mamers, Marolles, Pontvallain, Tuffé, Vibraye.

— Le fermier doit même fournir à ses dépens les épines sèches, si la coupe de l'année ne lui en a pas assez donné pour clore.

— Beaumont.

— Le fermier ne pourrait se dispenser de la réparation, même en abandonnant le bois.

— St-Calais.

— Lorsque l'héritage est borné par un talus sans fossé, on ne présume pas qu'on a laissé une distance entre ce talus et la propriété voisine, afin de pouvoir relever les terres qui s'échappent des talus. Le fermier doit donc se borner à reprendre les terres tombées dans la largeur d'un cours de pelle sans pouvoir jamais creuser le terrain.

— Brûlon, Bonnétable, Ecommoy, Fresnay, La Suze, La Fresnaye, La Flèche, Loué, La Chartre, La Ferté, Montmirail, Mamers, Pontvallain, St-Paterne, St-Calais, Sillé, Tuffé, Vibraye.

— On présume que celui à qui appartient le talus s'est retiré d'une certaine distance : cependant il se borne à reprendre les terres tombées sans pouvoir creuser le terrain.

— Beaumont, Ballon, Le Lude.

— *Id...* La distance présumée est de 22 cent.

— Conlie.

— *Id...* La distance présumée est de 50 cent.

— Malicorne.

— Le passe-pied existant le long d'un talus doit se partager entre riverains.

— La Flèche.

— Le propriétaire d'un talus sans fossé peut reprendre sur le terrain voisin (quand ce talus a besoin de réparation), les terres tombées, sur une largeur d'un mètre.

— Marolles.

— On doit laisser entre le pied du talus et l'héritage voisin 25 centimètres pour pouvoir relever les terres.

— Montfort, Sablé.

— L'espace à laisser qui se nomme *pic de pelle*, est de 22 cent.

— Bouloire.

— *Id*... De 16 cent. — Grand-Lucé.

HANNETONAGE. — Le hannetonage, lorsqu'il est prescrit par l'autorité administrative est, de plein droit, à la charge du fermier.

— Bouloire, Brûlon, Beaumont, Ballon, Conlie, Ecommoy, Fresnay, Grand-Lucé, La Flèche, Le Lude, Loué, Montfort, Mamers, Marolles, Pontvallain, Sablé, St-Paterne, Tuffé.

— Il n'est à la charge du fermier qu'autant qu'il y a, à cet égard, convention expresse.

— La Ferté-Bernard, La Fresnaye, Montmirail, Vibraye.

HERBE. — Les fermiers ont le droit de couper avec la *bohalle* les herbes sèches. L'entrant au 1er mai a seul le droit de faire ce travail, mais après son entrée en jouissance.

— Ecommoy.

— Le sortant prend l'herbe des jardins, des chaintres, des vignes et des blés.

— La Flèche.

HERSAGE. — *V.* Labours.

HIVERNAGES. — *V.* Plantes fourragères, plantes printanières, retours.

I

IMPOTS. — *V.* Contributions, congé.

J

JACHÈRES. — Le fermier sortant laisse l'entrant labourer les terres en jachères, à partir du 25 juin.

— La Flèche.

V. Labours.

JARDINS. — Le sortant au 1er mai ou à Pâques doit permettre à son successeur de semer ou planter ses légumes, avant son entrée, dans les parties disponibles du jardin.

— Ballon, Brûlon, Beaumont, Conlie, Ecommoy, Fresnay, La Suze, Le Lude, Loué, Malicorne, Mamers, Mayet, Pontvallain, Sillé, St-Paterne.

— Un mois avant son entrée. — Mayet.

— Dès le 1er mars. — Conlie, Le Lude, Pontvallain.

— Dès le mois de février. — Loué.

— Cette obligation n'existe pas, si le fermier sortant n'a pas, à son entrée, obtenu cette faveur.

— La Fresnaye, Marolles, Montfort, Sablé.

— L'entrant au 1ᵉʳ mai, s'il s'agit d'un jardin de ferme, taille les treilles et les arbres à partir du 1ᵉʳ février et cultive les parties non occupées.

— Ecommoy, La Flèche.

— L'obligation de laisser l'entrant cultiver n'existe qu'autant qu'il exerce le métier de jardinier.

— Bonnétable.

— L'entrant n'a pas le droit de venir, avant son entrée, travailler dans le jardin, mais on doit lui laisser le terrain libre.

— Brûlon, Bonnétable, Bouloire, Château-du-Loir, Grand-Lucé, La Ferté-Bernard, La Fresnaye, Montmirail, Montfort, Pontvallain, St-Calais, Vibraye.

— L'entrant doit trouver un tiers du jardin en légumes et deux tiers libres. S'il entre au 1ᵉʳ mai, il peut cultiver dès le 1ᵉʳ mars.

— Le Lude.

— L'entrant au 1ᵉʳ novembre peut planter dans le jardin, avant son entrée, 100 poireaux par hectare en gros blés.

— Sablé.

— *Id*... La quantité de poireaux n'est pas déterminée ; il peut faire les travaux dès la fin de juin.

— Ballon.

— L'entrant au 1ᵉʳ mai peut, dès le 1ᵉʳ décembre précédent, planter des choux dans le jardin.

— Conlie.

— L'entrant (quelle que soit l'époque d'entrée) peut venir avant son entrée faire ses légumes dans les portions disponibles du jardin (s'il s'agit d'un jardin attenant à une simple habitation, ce droit n'existe pas).

— Marolles.

— L'entrant a le droit de venir travailler dans le jardin, mais seulement après la Ste-Catherine.

— Fresnay.

— L'entrant peut travailler les portions disponibles du jardin et planter 100 choux verts par 44 ares du tiers des terres labourables.

— Mamers.

— Le sortant doit laisser à l'entrant autant de légumes qu'il en a trouvé à son entrée. L'entrant peut d'ailleurs travailler au jardin avant son entrée.

— St-Paterne.

— Il est interdit à tous fermiers d'employer la terre des jardins comme engrais.

— Ballon, Brûlon, Conlie, Ecommoy, La Suze, Loué, La Flèche, Malicorne, Montfort, Pontvallain, Sablé, Sillé.

— Le fermier ou le locataire non jardinier peut enlever les arbustes, fleurs et plantes, plantés ou semés par lui.

— Brûlon, Ballon, Bouloire, Château-du-Loir, Ecommoy, Grand-Lucé, La Suze, La Ferté-Bernard, La Chartre, Le Lude, Montfort, Montmirail, Mamers, Marolles, Pontvallain, Sillé, Sablé, St-Paterne, St-Calais, Tuffé, Vibraye.

— Le propriétaire a le droit de retenir les fleurs en indemnisant le locataire ou fermier.

— Conlie, La Fresnaye.

— Le locataire ou le fermier non jardinier n'a pas le droit d'enlever les objets sus-désignés.

— Bonnétable, Malicorne.

— Le sortant doit laisser les groseilliers, les cassis et autres arbustes formant buisson, les choux verts, l'oseille, les fraisiers, les eût-il plantés. Il peut emporter tous autres arbres fruitiers ou d'agrément plantés par lui, sauf le droit du propriétaire de les retenir en payant leur valeur actuelle.

— Beaumont.

— Le sortant, non jardinier, ne peut pas même enlever les plantations faites par lui.

— La Flèche, Mayet.

— Le propriétaire peut retenir les fruitiers plantés par le locataire en payant leur valeur.

— Montfort.

— Le locataire *jardinier* peut enlever ses plants, mais il doit remettre les lieux en état.

— Brûlon, Beaumont, Bonnétable, Ballon, Bouloire, Château-du-Loir, Conlie, Ecommoy, Fresnay, La Suze, La Ferté-Bernard, La Chartre, Mamers, Montmirail, Montfort, Marolles, Sablé, Sillé, St-Paterne, St-Calais, Tuffé, Vibraye.

— Le jardinier a le droit de conserver ses plants et légumes jusqu'au 1er mars qui suit sa sortie, à la condition que ces plants et légumes n'occupent pas plus de la moitié de la contenance du jardin.

— La Ferté-Bernard.

— S'il sort au 1er novembre, il peut laisser ses plants jusqu'au printemps.

— Vibraye.

JOURNALIERS. — *V.* Ouvriers.

L

— **LABOURS. Époques et façons.** — Pour les *retours*, on fait pendant l'hiver un labour préparatoire *(aujoler)*; pour les semailles, le labour est à 6 raies. On froisse trois fois et on déraise ensuite.

— Le Mans (3 c.).

— Pour les gros blés, on fait trois labours : 1º Le versage à la Saint-Jean ; 2º le déraisage après la moisson ; 3º les semailles au 1er novembre.

Pour les menus grains, on fait également trois labours : 1º Le versage en septembre ; 2º le déraisage en décembre ; 3º les semailles en mars ou avril.

Les chanvres seuls se font en retour, et exigent trois labours.

— Ballon.

— Si l'entrant au 1er novembre sème les gros blés, le sortant doit les labours préparatoires. Les premiers doivent être terminés le 30 juin ; les seconds, le 15 septembre.

Les labours se font à quatre raies ou tours, sauf ceux des orges et avoines où on tolère deux tours.

Si l'entrant au 1er mai sème les orges et les avoines, il peut, dès le 1er décembre precédent, faire tous labours préparatoires. Dès la même époque, l'entrant peut labourer les deux tiers des friches pour les chanvres, haricots, pommes de terre, etc. S'il s'agit d'une terre volante et que le nouveau fermier sème les gros blés, il peut, dès le 24 juin précédent, faire les labours préparatoires.

— Conlie.

— Le sortant au 1er novembre fait les labours et semailles dont la récolte se fait après la sortie. Le sortant fait également les labours des retours.

— Ecommoy (1).

— L'entrant au 1er novembre peut faire ses labours dès le 7 septembre. Même règle pour les

---

(1) Excepté dans les communes de Laigné, St-Gervais, Moncé et Mulsann.

retours. L'entrant au 1er mai peut commencer ses labours pour les semailles de printemps aussitôt après le 1er janvier.

— La Suze.

— Le sortant au 1er novembre doit lever les guérets au 24 juin, et les herser par un temps sec ; les labourer une seconde fois avant le 20 septembre et les herser ensuite.

Le sortant au 1er mai fait la même chose pour les labours des gros grains : il doit en outre souffrir que l'entrant laboure, dès avant l'hiver, la moitié de la sole destinée aux céréales de l'automne suivant, et où, dès le printemps, doivent être semés les chanvres, potagers, pommes de terre, etc.

— Loué.

— Le sortant fait les labours du gros blé. L'entrant fait ceux des retours à quatre raies.

— Montfort.

— Le sortant au 1er mai fait, en général, tous les labours et tous les ensemencements.

— Sillé.

— Le sortant au 1er novembre doit laisser l'entrant préparer les terres en jachères et les ensemencer à partir du 25 juin, et les terres en retour, à partir du 8 septembre.

Le sortant au 1er mai laisse l'entrant préparer les guérets pour les blés de printemps. Celui-ci peut même, dès le 1er février, disposer les terres pour semer le chanvre.

— La Flèche.

— Les labours des céréales d'automne se font avant le 30 avril pour les pâtures ou jachères de plus d'un an.

Avant le 1er juin pour les trèfles de plus d'un an.

Avant le 1er juillet pour les chaumes de l'année précédente.

Avant le 15 octobre pour les trèfles de l'année, sauf l'année de sortie où la coupe doit être faite avant le 15 juillet.

Les labours des grains de printemps et des plantes sarclées doivent être terminés avant le 1er janvier.

L'entrant au 1er mai qui fait les grains de printemps, doit venir faire les labours préparatoires dès le 10 novembre.

— Sablé.

— Pour les gros blés on fait quatre labours (lever, déraiser, refendre et semer), non compris le hersage. Ils sont faits par le fermier en jouissance.

Pour les menus grains, deux labours seulement exécutés également par le fermier en jouissance.

— Brûlon.

— Si le sortant sème les gros grains, il fait les labours. L'entrant au 1er mai, qui sème les menus grains, va se préparer les terres dès le 1er novembre.

— Le Lude.

— Si l'entrant sème les gros blés, il peut préparer les guérets dès le 24 juin. L'entrant au 1er mai peut préparer les guérets des grains de printemps dès le 1er mars.

— Malicorne (sauf quelques communes).

— L'entrant au 1er mai peut, dès le 1er janvier précédent, faire les guérets pour l'ensemencement des chanvres et pommes de terre.

— Mayet.

— Le sortant au 1er novembre laisse son successeur venir, dès le 1er septembre, faire les travaux pour l'ensemencement des *blés retours*.

Le sortant au 1er mai laisse son successeur venir, dès le 1er janvier, exécuter les travaux nécessaires à l'ensemencement des menus grains et potagers.

— Pontvallain.

— Le sortant au 1er novembre doit faire deux labours préparatoires pour les gros blés.

Le sortant au 1er mai doit faire un labour préparatoire pour les menus blés. L'entrant peut venir, dans les deux mois qui précèdent la sortie, exécuter ces autres travaux et même ensemencer.

— Mamers (sauf quelques communes).

— Le sortant au 1er novembre doit faire les labours, même si l'entrant est chargé d'ensemencer. Pour les blés il faut trois labours, dont deux préparatoires. Un seul de ces derniers suffit pour l'orge.

— Beaumont.

— Le sortant (sans indication d'époque) est chargé de faire les trois labours nécessaires soit pour les gros, soit pour les menus grains.

— Bonnétable.

— L'entrant et le sortant s'entendent pour les labours préparatoires des chanvres et des pommes de terre.

— Fresnay.

— L'entrant au 1er novembre prépare les *versailles* pour les menus grains immédiatement après son entrée. Pour les gros et menus grains, il faut trois labours.

— La Ferté-Bernard.

— Le sortant doit lever ses guérets avant le 14 juin de sa dernière année de jouissance, à peine de tous dépens, dommages et intérêts. Il fait généralement quatre labours pour les gros grains. L'entrant en fait trois pour les menus grains.

— La Fresnaye.

— Les labours se divisent en deux catégories : ceux d'été pour les gros grains, ceux d'hiver pour les menus. Ils sont les uns et les autres au nombre de trois.

Le fermier entrant à Pâques ou en mai, peut, à partir du 1er décembre qui précède, exécuter les labours et les travaux préparatoires qu'il juge convenables sur les terres destinées à l'ensemencement des chanvres, pommes de terre et potagers.

— Marolles.

— Les labours pour les menus grains sont faits par celui qui a droit à la récolte. Il y en a trois qui s'exécutent : le 1er, après la Toussaint ; le 2e, après l'hiver ; le 3e, pour ensemencer.

— Montmirail.

— Le sortant doit autoriser son successeur à faire les labours et travaux préparatoires en temps et saisons convenables.

— St-Paterne.

— Le sortant au 1er novembre est obligé de faire les trois labours dont la date varie suivant que l'assolement est triennal ou quadriennal.

— St-Calais, Tuffé.

— Le fermier est obligé de faire trois labours pour les gros blés : le 1er, à la Saint-Jean ; le 2e, un mois après ; le 3e, vers le 1er novembre.

Pour les retours et les avoines, on n'est pas tenu de faire de guéret ; cela est au contraire obligatoire pour l'orge. Pour les menus grains, on ne fait qu'un labour en mars ou avril.

— Bouloire.

— Trois labours sont nécessaires pour les gros et les menus grains. Ceux-ci se font de décembre au 1er mai.

— Château-du-Loir.

— Les trois labours des gros grains sont faits par le fermier sortant au 1er novembre ; ceux des menus grains sont faits en mars et avril par l'entrant.

— La Chartre.

— Le sortant doit faire deux labours pour les menus grains.

— Grand-Lucé.

— Le sortant doit faire les trois labours des gros blés. L'entrant doit faire les deux labours des menus grains.

Les labours des blés-retours incombent également au sortant qui doit les faire dans les deux mois qui précèdent le 1er novembre.

— Vibraye.

— Le fermier ou colon ne peut changer le sens des sillons.

— Beaumont, Brûlon, Grand-Lucé, La Flèche, La Suze, Marolles, St-Paterne, Tuffé.

— Il peut au contraire les changer.

— Bouloire, La Ferté-Bernard, Montfort, Montmirail, Sablé.

LANDES. — *V.* Bruyères.

LATRINES. — *V.* Fosses d'aisances.

LÉGUMES. — *V.* Jardins.

LIN. — *V.* Chanvre, plantes printanières , rouissage.

LITIÈRES. — *V.* Bruyères, chaumes, feuilles sèches, paille.

— Si le sortant au 1ᵉʳ novembre manque de litière pour ses bestiaux, l'entrant doit lui en fournir à partir du 24 juin qui précède la sortie.

— La Flèche.

— L'entrant au 1ᵉʳ mai peut fournir des litières à son prédécesseur, et celui-ci doit les employer à compter du 1ᵉʳ janvier qui précède sa sortie.

— Communes de Dureil et de Malicorne.

— L'entrant fournit les litières à compter du 1ᵉʳ janvier qui précède son entrée. En retour, il a droit aux engrais, à la charge par lui de curer les étables chaque semaine.

L'entrant au 1ᵉʳ novembre, qui fait l'ensemencement, fournit la litière à compter du 24 juin, et vient curer les bestiaux le samedi de chaque semaine.

— Pontvallain.

— **LOGEMENT. Règlement des rapports de l'entrant et du sortant.**

— L'entrant doit au sortant, soit au 1ᵉʳ mai, soit au 1ᵉʳ novembre, un appartement (ordinairement la grange), pendant le temps des récoltes, afin que les ouvriers puissent manger à couvert.

— Le Mans (les 3 c.).

— L'entrant a la maison, les étables, les écuries, les toits à porc et la cave : le sortant a droit à la grange, aux greniers et à une chambre pour coucher ; il conserve la clef de la grange jusqu'au battage et nettoyage de ses céréales.

L'entrant, s'il s'agit d'un délogement considérable,

peut demander qu'un logement lui soit fourni pour y déposer ses meubles.

— Ballon.

— Le sortant doit fournir à l'entrant, pendant les travaux de culture, le logement nécessaire La même obligation existe pour l'entrant vis-à-vis du sortant pendant les travaux d'arrière-récolte.

Lorsque la récolte se partage, les grains battus sont déposés chaque soir dans la grange dont la clef est remise au sortant. La grange reste à la disposition du sortant jusqu'au 1er septembre s'il fait seulement la récolte des blés, et jusqu'au 15 s'il fait la récolte de tous les grains.

— Conlie.

— L'entrant n'a droit aux bâtiments que lorsque le fermier n'y est plus. Le sortant a la grange jusqu'après le battage et garde la clef.

— Ecommoy.

— Le sortant se sert de la grange jusqu'à la fin des travaux de la récolte.

— La Suze.

— L'entrant n'a droit à aucun logement ; le sortant, au contraire, y a droit pendant les travaux d'arrière-récolte.

— Loué.

— Pendant l'arrière-récolte, l'entrant et le sortant s'entendent pour que celui-ci loge et nourrisse, sur le lieu, hommes et bestiaux. En général et sauf le cas de pluies continuelles, le sortant doit battre les blés assez promptement pour que la grange soit libre à la récolte des orges et avoines. Pendant le battage, il a la clef de la grange à sa disposition.

— Montfort.

— Le sortant a droit à la grange et à l'aire pour l'arrière-récolte ; il conserve la clef de la grange.

— Sillé.

— L'entrant au 1er novembre a la disposition de la grange lorsqu'il ensemence les gros blés ; le sortant au 1er novembre en dispose pour la récolte qui suit la sortie. La clef reste à celui qui en a la disposition.

— La Flèche.

— Le sortant dispose de la grange jusqu'au battage de ses récoltes.

— Brûlon.

— Le sortant au 1er mai doit à son successeur, lors des labours préparatoires des menus grains, une place dans les écuries pour loger les bestiaux. La grange et la clef restent à la disposition de celui à qui appartiennent les gerbes.

— Le Lude.

— Le sortant conserve la grange et la clef jusqu'à l'enlèvement des grains dont le battage se fait aussitôt après la récolte.

— Pontvallain.

— Le sortant doit à l'entrant les logements nécessaires pendant les seconds labours préparatoires pour le chanvre et l'orge ; à sa sortie, il a droit à la grange pour y ramasser et battre ses grains. La clef doit être remise à un tiers si l'entrant et le sortant ne s'entendent pas.

— Mamers.

— Lé sortant au 1er mai ou à Pâques peut user de la grange jusqu'au 1er novembre qui suit sa sortie ; il peut en exiger la clef, sauf l'obligation de sortir les fourrages qui appartiennent à l'entrant.

— Beaumont.

— L'entrant, quelle que soit l'époque, laisse la grange à la disposition du sortant pour le battage du blé de l'année de sortie, jusqu'au 1er mars qui suit la sortie. Le sortant en garde la clef jusqu'au partage des grains.

Pour les récoltes qui suivent l'année de sortie, le sortant au 1er novembre dispose de la grange jusqu'au mois de janvier qui suit cette récolte, et le sortant au 1er mai jusqu'au 1er mars suivant.

— Bonnétable.

— Le sortant a droit au logement pour ses hommes et ses bestiaux pendant la durée des travaux qu'il est obligé d'exécuter. La grange est à sa disposition depuis la récolte jusqu'au 1er novembre qui suit sa sortie. Il en a la clef.

— La Ferté-Bernard.

— Le sortant, s'il n'a pas de maison, peut habiter la grange jusqu'à la Saint-Jean et y déposer son mobilier. Il a également le droit de s'en servir, concurremment avec l'entrant, jusqu'au 25 décembre, pour le battage seulement.

L'entrant doit aussi, pendant un mois après la sortie, fournir au sortant le logement des bestiaux.

— La Fresnaye.

— L'entrant n'a droit à aucun logement avant son entrée. Le sortant et l'entrant disposent de la grange pour l'arrière-récolte. La clef est laissée à l'un d'eux. S'ils ne s'entendent, elle est remise à un tiers.

— Marolles.

— Le sortant dispose de la grange jusqu'au battage et nettoyage des grains, il en garde la clef.

— Montmirail, St-Calais.

— Le sortant peut se servir de la grange pour son

logement et celui de ses récoltes, et, pendant les travaux d'ensemencés du printemps, pour le logement de ses bestiaux. L'entrant garde la clef de la grange.

— St-Paterne.

— Le sortant a droit à la grange, s'il s'agit d'une ferme, jusqu'au 1er mars ; s'il s'agit d'un bordage jusqu'au 1er février après sa sortie : il est dépositaire de la clef. L'entrant peut y battre, néanmoins, ses menus grains.

— Tuffé.

— Le sortant a droit à la grange, au feu et à l'écurie pour ses bestiaux. Il a droit d'user de la grange jusqu'à la fin de ses travaux ; il en conserve la clef.

— Bouloire.

— Le sortant peut user de la grange pour la récolte qui suit la sortie jusqu'au 25 décembre suivant : les clefs restent à l'entrant, à charge de les remettre chaque fois qu'elles lui sont demandées.

— Château-du-Loir.

— Le sortant dispose, dans la grange, de l'espace nécessaire au logement de la récolte et au battage des blés. Pendant le temps du battage, il en a la clef.

— La Chartre.

— Le sortant au 1er novembre qui fait la récolte et le battage des blés, a droit à la grange et au foyer ; il s'entend avec l'entrant pour nourrir et loger sur le lieu ses ouvriers.

— Grand-Lucé.

— Le sortant a droit à la grange pour y loger les récoltes de sa dernière année et celles de l'année qui suit sa sortie. S'il se méfie de son successeur, il doit se faire autoriser par le propriétaire à conserver la clef.

— Vibraye

LOGES. — Propriété. — Elles sont, sauf preuve contraire, réputées appartenir au fermier.

— Bouloire, Mayet, Montmirail.

— Elles sont réputées appartenir au propriétaire.

— Brûlon, Conlie, Ecommoy, La Suze, La Ferté-Bernard, La Chartre, Grand-Lucé, Le Lude, Malicorne, Marolles, Montfort, Sablé, Sillé, St-Paterne, Vibraye.

— Elles sont censées appartenir au propriétaire lorsqu'elles sont construites de pièces de charpente, et au fermier lorsqu'elles ne sont établies que sur triques et fourchets.

— Bonnétable.

— Elles appartiennent au propriétaire si elles sont construites sur socle en maçonnerie ou charpente, couvertes en tuiles, bardeaux ou chaumes ; celles sur triques ou fourchets avec couverture en paille jetée à la fourche, sont censées appartenir au fermier.

— Ballon.

— Celles construites sur poteaux avec assemblage, ou sur pieux en terre, sont censées appartenir au fermier ; celles qui sont faites avec des fagots appartiennent au fermier.

— La Flèche.

— Les loges sont censées appartenir au fermier lorsqu'elles ne sont pas appuyées sur de la maçonnerie.

— St-Calais.

M

MAISON D'HABITATION. — Lorsqu'une maison est louée avec des terres, on la distingue des bordages et des closeries, savoir :

— Lorsque les terres ne sont pas soumises à l'assolement.

— Beaumont, Brûlon, Château-du-Loir, La Suze, Le Lude, Loué, Montmirail, Sillé, St-Paterne, Tuffé, Vibraye.

— Si la contenance des terres (jardin non compris) est inférieure à 88 ares.

— Conlie, Malicorne, Pontvallain.

— Si leur contenance est inférieure à 66 ares.

— Ballon.

— Si leur contenance, outre le jardin, est inférieure à 50 ares.

— Bouloire, Grand-Lucé, Montfort.

— Si leur contenance est inférieure à 1 hect. 32.

— Ecommoy, La Flèche.

— Si les terres ont moins de 2 hect.

— Sablé.

— Si les terres louées avec la maison constituent la partie principale, il y a affermement ; sinon, simple location.

— Marolles, St-Calais.

MARC. — Propriété. — Le marc de toute espèce appartient au fermier qui a récolté ; il peut l'emporter ou le vendre.

— Beaumont, Brûlon, Château-du-Loir, Conlie, Ecommoy, La Fresnaye, La Ferté-Bernard, La Suze, Loué, Mamers, Marolles, Malicorne, Mayet, St-Calais, Sillé, St-Paterne, Vibraye.

— Il appartient à la ferme. Le fermier ne peut ni le vendre ni l'emporter.

— Ballon, Bonnétable, Fresnay, Grand-Lucé, La Chartre, Montfort, Montmirail.

— Le marc de pomme et de poire doit rester sur les lieux. Le fermier peut disposer de celui de raisin.

— Le Lude, Sablé.

— Si le cidre se fait sur le lieu, le marc se partage par moitié entre l'entrant et le sortant, sinon il reste en totalité au sortant.

— La Flèche.

— Le fermier peut se servir du marc pour la nourriture de ses bestiaux, mais il ne peut ni le vendre ni l'enlever.

— Pontvallain.

MARÉCHAL (col. part.).— Les mémoires dus au maréchal sont payés par moitié, sauf convention contraire.

(Généralement accepté).

MARE. — Distance à observer pour le creusement d'une mare. — On doit laisser, entre la mare et le terrain du voisin, 16 cent. 75 millim.

— Ballon, Marolles.

— 16 cent. 1/2. — Mamers.

— 50 cent. au moins. — La Fresnaye.

— On laisse 1 mètre. — Conlie, La Chartre.

— 1 mètre, et si la mare est creusée dans le voisinage d'un mur ou d'un bâtiment, il faut un mur de soutènement de 33 cent.

— Bonnétable.

— L'intervalle doit être de *deux mètres*.

— Grand-Lucé, La Flèche, La Suze, Le Lude, Montmirail.

— ... 2 mètres, ou faire, près du terrain voisin, un mur ou pilotis assez solide.

— Vibraye.

— ... Au moins 3 mètres, à partir de la naissance supérieure du talus de la mare.

— La Ferté-Bernard.

— Pas de distance à laisser, mais le fermier qui creuse la mare est passible de tous dommages-intérêts vis-à-vis du voisin s'il y a leu.

— Bouloire.

— La distance doit être égale à la profondeur donnée à la mare.

— Beaumont.

— La moitié de la profondeur de la mare.

— Pontvallain.

— Si la mare est creusée près d'un champ, *un* mètre ; si elle est creusée près d'une maison, il faut 3 mètres.

— Montfort.

MARMENTEAUX. — *V.* **Haies vives.**

MARNAGE.— Interdit au fermier.

— Ecommoy, Fresnay, Grand-Lucé, La Ferté-Bernard, La Suze, Montmirail, Sillé, St-Calais, Vibraye.

— Autorisé, sans convention expresse.

— La généralité des autres cantons.

— **Quantité de marne.**—Indéterminée : cela dépend de la nature du sol et de la qualité de la marne.

— La Fresnaye, Le Lude, Mamers, Marolles.

— La marne s'emploie en même quantité que le fumier.

— Ballon.

— 22 mèt. cubes par hectare.
— La Chartre.

— 25 à 30 m. cubes de marne grise, par 44 ares, et moitié de cette quantité pour la marne blanche.
— Conlie.

— 50 ou 60 m. cubes de marne grise, ou 15 à 20 m. cubes de blanche, par 44 ares.
— Bonnétable.

— 40 à 50 m. cubes, par 44 ares.
— Beaumont.

— La marne ne peut s'employer que mélangée avec le fumier.
— Montfort.

MARRONS.— Bogues.— Les bogues des marrons doivent être enlevées sur place et laissées sur le sol.
— Bouloire, Pontvallain.

— Même usage, s'il s'agit d'une ferme exploitée à colonie partiaire seulement.
— Conlie.

MATIÈRES CORROSIVES. — Précautions à prendre pour établir un magasin près d'un mur.— Il faut construire un contre-mur de 0m. 33 cent. d'épaisseur et d'une hauteur égale à celui du dépôt.
— Conlie, La Ferté-Bernard , Grand-Lucé , Montfort, Malicorne, Sablé.

— Mêmes précautions que pour fosses d'aisances.
— Fresnaye, La Suze, Montmirail.

— On suit les mêmes règles que pour forges.
— La Flèche.

— On construit un contre-mur de 0 m. 50 cent. d'épaisseur.
— La Fresnaye.

— On doit construire un contre-mur en chaux hydraulique.
— Sillé.

— Le contre-mur doit être d'une hauteur et d'une épaisseur suffisantes pour protéger le voisin.
— Brûlon, Le Lude, Loué, Mamers, Vibraye.

— Le contre-mur doit avoir 0 m. 22 cent. d'épaisseur et être aussi haut et aussi large que le dépôt; il doit avoir en outre, en fondation, 0m. 66 cent.
— Pontvallain.

— Il faut un contre-mur de 33 cent. d'épaisseur, d'une hauteur et d'une largeur égales à celui du dépôt. Les fondations doivent avoir 1 m. de profondeur au-dessous du niveau du magasin.
— Beaumont, Bonnétable, Bouloire, La Chartre, Marolles, St-Calais, St-Paterne.

MENUS GRAINS. — On appelle ainsi l'orge et l'avoine par opposition aux gros grains ensemencés en automne.

MESURAGE. — Frais (de). — Ils sont à la charge du vendeur.
— Tous les cantons.

— Ils sont à la charge du sortant pour les produits partagés avec le fermier entrant.
— Unanimement accepté.

— Ils sont à la charge du colon, au cas de colonie partiaire, pour les produits partagés avec le propriétaire.
— Généralement accepté.

MÉTAIRIE.— Nom donné, dans quelques cantons, aux grandes exploitations agricoles ; mais ce terme (1) s'applique plus spécialement aux propriétés louées à colonie partiaire. Le colon prend le nom de métayer.

MÉTEIL.— Mélange de seigle et de froment.

V. Battage des grains, chaume, ensemencements, gros blés, labours, partages des grains, récolte et semences.

MÉTIVIERS.— L'engagement des métiviers est censé fait pour tout le temps de la moisson.

V. Domestiques attachés à la culture.

MITOYENNETÉ DES ARBRES.—Règles pour reconnaître la mitoyenneté des arbres plantés près des haies mitoyennes ou sur le bord des fossés.

— La distance se mesure à partir de l'écorce de l'arbre et ras terre.
— Le Mans (les 3 c.).

— Les arbres qui ne sont pas à plus de 1 m. 16 cent. 1/2 du centre de la haie sont mitoyens.

On doit prendre la mesure à un mètre au-dessus du sol, à partir de l'écorce du tronc, se tournant du côté du centre de la haie.

L'arbre planté sur le bord d'un fossé est mitoyen, si une ligne passant par son centre se trouve à moins de 2 m. du fonds voisin.
— Ballon.

---

(1) Dans la Sarthe seulement. (*V.* ce mot, t. Ier).

— Il y a mitoyenneté, si l'arbre n'est pas à plus de 116 cent. 1/2 du cœur de la haie. On mesure la distance du cœur des marmenteaux, à 16 cent. 1/2 au-dessus du sol.

S'il s'agit d'une haie de jardin, il faut remarquer que sa largeur ne peut excéder 0m. 50 cent.

Les arbres plantés sur le bord d'un fossé sont mitoyens, s'ils sont établis dans la largeur du relit.

— Bouloire (1), Conlie.

— L'arbre est mitoyen, s'il est planté sur le terrain qu'on doit laisser libre de chaque côté de la haie mitoyenne, ou s'il est planté sur le relit du fossé.

La distance se mesure à partir de l'écorce de l'arbre.

— Ecommoy.

— Tous les arbres plantés sur le terrain que doit occuper la haie mitoyenne, ou touchant au relit du fossé voisin, sont mitoyens.

— Brûlon, La Suze, Pontvallain, Tuffé.

— La mitoyenneté existe lorsque l'arbre se trouve, pour partie, sur les terrains contigus ou dans la largeur que sont censées avoir les haies mitoyennes.

La distance se mesure à partir de l'écorce de l'arbre.

— La Fresnaye (2), Loué.

— Sont mitoyens les arbres dont l'écorce, à 16 c. 1/2

---

(1) La distance se mesure à partir du cœur de l'arbre.

(2) Au cas de fossé non-mitoyen, l'arbre planté sur le bord, le devient, si l'écorce se trouve sur la ligne séparative des deux héritages.

au-dessus du sol, n'est pas à plus de 116 cent. 1/2 du centre de la haie ; et à 50 cent. seulement, s'il s'agit d'une haie mitoyenne entre vignes, cours et jardins.

Les excroissances et les racines existant au pied de l'arbre ne sont pas considérées comme faisant partie de l'arbre mitoyen.

— Montfort.

— L'arbre n'est mitoyen qu'autant que le pied se trouve avancé sur le terrain du voisin.

— Sillé.

— L'arbre est mitoyen dès que le pied touche la ligne séparative de la propriété contigue.

— Château-du-Loir (1), La Flèche, Le Lude, Mayet, Malicorne.

— L'arbre est mitoyen lorsqu'il y a entre le centre de cet arbre et le maître de haie, moins de 116 cent. 1/2.

Dans les haies à talus, tout arbre dont le centre se trouve sur le relit est mutuel.

— Sablé.

— L'arbre est mitoyen si l'écorce des arbres, au-dessus des branches ou empâtements, dépasse la ligne séparative des héritages.

— Mamers.

— Les arbres dont une portion quelconque du tronc, pris entre le cœur et l'écorce, à 16 cent. 1/2 du sol, se trouve comprise dans la largeur de la haie, sont mitoyens.

---

(1) On mesure à partir de l'écorce.

Même règle pour le cas où ils sont plantés sur le bord d'un fossé.

— Beaumont.

— Les arbres qui sont compris, même par l'écorce seule, dans la ligne séparative, qu'il s'agisse de haies ou fossés, sont mitoyens.

— Bonnétable, La Ferté-Bernard.

— Qui a part à l'écorce a part au cœur.

— Marolles.

— Les arbres plantés à 1m. 17 du milieu de la haie mitoyenne ou du fossé mitoyen ou en dehors du relit du fossé voisin, sont mitoyens. La distance se mesure à partir de l'écorce.

— Montmirail.

— Il y a mitoyenneté si l'arbre est à moins de 113 centimètres et demi du milieu de la haie. Tout arbre qui entame, même par une partie seulement, le franc bord du fossé est mitoyen.

— St-Calais.

— Tout arbre dont l'écorce touche la ligne séparative à hauteur de 1 mètre, est mitoyen.

— La Chartre.

— Sont mitoyens les arbres dont l'écorce n'est pas à plus de 116 cent. du cœur des marmenteaux situés au milieu de la haie. Ceux plantés sur le bord d'un fossé sont mitoyens s'ils se trouvent par partie dans la sabottée ou le relit.

— Vibraye.

— *Id.* . . 116 cent. 1/2.

Les arbres, plantés sur le bord des fossés, sont mitoyens quand ils se trouvent, pour une partie quelconque, dans la ligne séparative.

— St-Paterne.

— Les arbres dont l'écorce, à 16 cent. du sol, n'est pas à plus de 113 cent. du centre de la haie, sont mitoyens. Si la haie divise des vignes, cours et jardins, il suffit que l'arbre ne soit pas à plus de 50 cent. du centre.

— Grand-Lucé.

MOBILIER DES FERMES ET BORDAGES. — Il doit toujours avoir une importance suffisante pour assurer la bonne exploitation et garantir les droits du propriétaire.

— Unanimement accepté.

MOISSONNEURS. — *V.* Domestiques attachés à l'agriculture et métiviers.

MONTRÉE. — *V.* Visite et montrée.

MOULINS. — *V.* Réparations, locations, cours d'eau.

MOUTONS. — **Pacage.** — Les fermiers peuvent faire paître les moutons dans les taillis âgés de 5 ans au moins.

— Loué.

— Permis dans les taillis de 3 à 4 ans, s'il y a toutefois stipulation spéciale.

— Vibraye.

— Le pacage est permis, sans stipulation spéciale, dans les bois taillis.

— Brûlon, Beaumont, Ballon, Bonnétable, Bouloire, Château-du-Loir, Conlie, Ecommoy, Fresnay, Grand-Lucé, La Chartre, Le Lude, La Flèche, La Fresnaye, La Ferté-Bernard, La Suze, Mamers, Montmirail, Malicorne, Mayet, Montfort, Marolles, Pontvallain, Sablé, St-Paterne, St-Calais, Sillé, Tuffé.

— Le sortant, dans la dernière année, ne peut faire pacager les jeunes trèfles et les sainfoins avant le 15 novembre ou le 1er décembre.

— Conlie.

— Le sortant ne peut, sans convention expresse, faire paître les moutons dans les prairies artificielles du dernier printemps.

— Bonnétable, Château-du-Loir, Grand-Lucé, La Fresnaye, La Ferté, Loué, La Flèche, La Chartre, Mamers, Montmirail, Marolles, Montfort, Malicorne, Mayet, Pontvallain, Sillé, St-Paterne, Sablé, St-Calais, Tuffé.

— Le pacage des prairies artificielles, soit la dernière année, soit au cours du bail, au cas de colonie partiaire.

— St-Calais.

— Le pacage des prairies artificielles du dernier printemps est interdit au sortant jusqu'au 1er novembre si le bail prend fin à cette date, et jusqu'au 2 février pour le sortant au 1er mai.

— Brûlon, Le Lude.

— Même règle, mais jusqu'au 1er février inclusivement.

— Fresnay.

— *Id*… mais jusqu'au 2 février.

— Beaumont.

— *Id*… L'interdiction existe jusqu'au 1er janvier

— La Suze.

— *Id...* L'interdiction existe jusqu'après la dernière coupe.

— Ballon.

— L'interdiction de faire pacager subsiste jusqu'à la sortie.

— Bouloire.

— Le pacage des prairies artificielles est permis après la première coupe.

— Vibraye.

— Le pacage des prairies naturelles est interdit, sauf conventions expresses.

— Ballon, Ecommoy, La Flèche, La Ferté-Bernard, Malicorne, Montmirail, Pontvallain.

— Il est autorisé jusqu'à la sortie du fermier.

— Bouloire, Grand-Lucé.

— Jusqu'au 1er décembre. — Sablé.

— Jusqu'au 1er février exclusivement.

— Fresnay, La Fresnaye, La Chartre, Montfort, Mamers, St-Paterne, Tuffé.

— Jusqu'au 2 février.

— Brûlon, Beaumont, Bonnétable, Conlie, La Suze, Loué, Marolles, Sillé.

— Jusqu'au 1er mars. — Château-du-Loir, St-Calais.

— Jusqu'au 1er janvier. — Le Lude.

— Jusqu'au 15 mars. — Vibraye.

— Le pacage des chaumes est interdit la dernière année du bail.

— Le Lude, La Suze.

— Il est autorisé.

— Conlie, La Flèche, Montfort, Pontvallain.

— *Id...* Dans le sixième des chaumes qui lui appartiennent, jusqu'au 8 septembre, et, à partir de cette date, dans tous les chaumes.

— Sablé.

— *Id...* Après le 8 septembre.

— Brûlon, Malicorne.

— *Id...* Dans la moitié des chaumes. — Loué.

— *Id...* Sur les chaumes de blé exclusivement.

— Ballon.

— Après l'enlèvement des chaumes jusqu'aux labours.

— Ecommoy.

— *Id...* A toute époque pour les chaumes de froment; interdit pour les chaumes d'orge, lorsqu'ils sont plantés en trèfle, excepté la seconde année.

— Sillé.

MURS DE CLOTURE. — Hauteur. — On suit dans les villes où la clôture est forcée, les règles de l'art. 663 du Code civil.

N

NAVETS. — *V.* Plantes printanières.

O

OEUFS (Attribution) (col. part). — Ils restent au fermier exclusivement.

— Conlie.

OIES. — **Pacage.** — La dernière année de jouissance, les oies ne peuvent être mises dans les jeunes
trèfles et les sainfoins avant le 15 novembre ou le
1er décembre.
- — Conlie.

— On ne peut les faire pacager sans l'autorisation
du propriétaire dans les jeunes trèfles, sainfoins et
luzernes, la dernière année de bail.
- — Ballon, Ecommoy, Fresnay, Grand-Lucé, Le Lude,
La Suze, La Flèche, La Fresnaye, La Ferté-Bernard, La
Chartre, Loué, Mamers, Montfort, Montmirail, Malicorne,
Slayet, Sablé, St-Calais, Tuffé.

- — Le pacage est interdit même pendant le bail,
sauf après la seconde coupe.
- — Vibraye.

- — Pacage absolument interdit à toute époque.
- — Beaumont, Bonnétable.

- — Le sortant au 1er novembre peut les faire
pacager jusqu'à sa sortie, et le sortant au 1er mai,
jusqu'au 2 février précédent.
- — Brûlon.

- — Permis après l'enlèvement des menus grains.
- — Bouloire.

- — Permis dans les prairies artificielles, la dernière année de jouissance jusqu'au 1er mars.
- — St-Paterne.

- — Même règle que pour les bestiaux.
- — Marolles.

- — Permis dans les jeunes trèfles et sainfoins,
même la dernière année de jouissance.
- — Sillé.

ORGE. — *V.* Battage et partage des grains, engrais, ensemencement, labours, prairies artificielles, récolte, retours, semences.

ORMEAUX. — *V.* Bois taillable, erussage.

OSIERS. — **Attribution et coupe.** — La dernière année de bail, l'osier est coupé par le sortant (1).

— Château-du-Loir, Grand-Lucé, La Suze, La Flèche, La Ferté-Bernard, Loué, La Chartre, Le Lude, Montmirail, Malicorne, Mayet, Montfort, Mamers, Pontvallain, Sablé, St-Calais, Vibraye.

— Les osiers sont coupés par l'entrant.
— Ecommoy, St-Paterne.

— Ils sont coupés par l'entrant au 1er novembre et par le sortant en mars ou à Pâques.
— La Fresnaye.

— L'osier est coupé par l'entrant au 1er novembre et par le sortant au 1er mai.
— Bonnétable, Conlie.

OUVRIERS EMPLOYÉS A LA JOURNÉE. — Le journalier qui a perdu quelques journées subit, à l'expiration du temps pour lequel il a loué ses services, une retenue proportionnelle.

— Ballon, Beaumont, Bonnétable, Bouloire, Conlie, Château-du-Loir, Ecommoy, Grand-Lucé, Loué, La Suze, La Flèche, Le Lude, La Ferté-Bernard, La Fresnaye, La Chartre, Montfort, Malicorne, Mamers, Marolles, Montmirail, Pontvallain, Sillé, St-Paterne, Tuffé.

---

(1) Sauf le cas où il en a trouvé en entrant.

— Il rend les journées perdues.

— Fresnay.

— On tient compte de l'époque à laquelle les journées ont été perdues.

— Brûlon.

— Si le maître est obligé de remplacer l'ouvrier, celui-ci doit les sommes déboursées.

— Sablé.

— Si l'ouvrier est loué à la journée, la retenue est faite pour chaque jour de perte; si l'ouvrier est loué pour un temps déterminé, il n'y a lieu à retenue que si la perte du temps est considérable.

— St-Calais.

— Si l'ouvrier a été empêché par force majeure d'exécuter la convention, il peut rendre en nature les journées perdues, sinon le maître peut en exiger le prix en argent.

— Vibraye.

P

PACAGE. — Droit du sortant. — Le sortant au 1er mai a le droit de faire pâturer le regain des prés et les trèfles, dans les terres labourables, jusqu'au 1er mars de l'année de cessation de sa jouissance.

Le sortant au 1er novembre fait pacager les regains également jusqu'au 1er mars et les trèfles jusqu'au jour de sa sortie.

— Le Mans (1er et 3e c.) (2).

— Le sortant au 1er mai fait pâturer les regains

---

(1) Sauf quelques communes du 3e canton.

des prés jusqu'au 2 février, les trèfles jusqu'au 1er mars.

Le sortant au 1er novembre fait pâturer les uns et les autres jusqu'au jour de sa sortie.

— Le Mans (2e c.).

— Le sortant au 1er mai cesse de faire pacàger les trèfles le 15 novembre, les sainfoins le 15 décembre, les prairies le 2 février ; il peut faire pacager les friches jusqu'aux labours préparatoires.

Le sortant au 1er novembre fait pacager les regains des prés et les terres labourables jusqu'à sa sortie.

Le sortant, sans distinction de date, ne peut, en aucun temps, faire paître les jeunes trèfles ou les sainfoins par les moutons, les chèvres et les oies.

— Conlie.

— Le sortant au 1er mai fait pacager les jeunes sainfoins et luzernes jusqu'au 1er novembre qui précède sa sortie et le sortant au 1er novembre jusqu'au jour de sa sortie ; ce dernier peut en outre faire pacager dans les champs de chaume depuis l'enlèvement de sa récolte jusqu'aux labours, et, dans les herbes et pâturages, jusque dans la première quinzaine de novembre.

— Ballon.

— Le sortant au 1er mai ne peut faire paître les trèfles, sainfoins et luzernes après l'hiver ; il peut faire pacager le regain des prés jusqu'au 25 décembre qui précède sa sortie, et les pâturages jusqu'au 1er mars.

Le sortant au 1er novembre fait pacager les trèfles, sainfoins, luzernes et les pâturages, jusqu'à son départ, et les champs depuis l'enlèvement des chaumes jusqu'aux labours.

— Ecommoy.

— Le sortant au 1ᵉʳ mai peut faire pacager les regains des prés, les trèfles, sainfoins, luzernes, les vieilles herbes et pâturages jusqu'au 1ᵉʳ janvier qui précède sa sortie, et les terres labourables jusqu'à sa sortie.

Le sortant au 1ᵉʳ novembre ne peut faire pacager les regains des prés, mais seulement les vieilles herbes et pâturages et les chaumes de retours, jusqu'à sa sortie.

— La Suze.

— Le sortant au 1ᵉʳ mai fait pacager les jeunes trèfles, sainfoins et luzernes jusqu'au 1ᵉʳ novembre qui précède sa sortie.

Le sortant au 1ᵉʳ novembre ne peut faire pacager les prairies artificielles, mais il peut conduire, jusqu'à sa sortie, sur les chaumes, les vieilles pâtures et les regains.

— Loué.

— Le sortant au 1ᵉʳ novembre peut faire pacager les regains jusqu'à sa sortie, ainsi que les prairies artificielles, les champs dont on a enlevé la récolte, les vieilles herbes et pâturages.

— Montfort, Mayet.

— Le pacage dans les prairies naturelles ou artificielles, de même que dans les jeunes trèfles, cesse le 2 février ; on peut faire pacager les chaumes de blé ou de seigle jusqu'à la sortie.

— Sillé.

— Le sortant (sans distinction d'époques) ne peut faire pacager les prés et pâtures après le 1ᵉʳ mars.

Si le sortant au 1ᵉʳ novembre fait les semailles, il peut faire pacager tous les regains par ses bestiaux ; sinon, il n'en fait pacager que la moitié. Il peut

également faire pacager les chaumes à partir du 8 septembre, les terres labourables jusqu'au 1er mars, et les trèfles, sainfoins et luzernes jusqu'au 24 juin.
— La Flèche.

— Le sortant au 1er mai a le droit de faire paître les regains des prés jusqu'au 2 février.

Le sortant au 1er novembre n'a droit, jusqu'au jour de sa sortie, qu'aux herbes fourragères.

L'un et l'autre peuvent faire pacager les terres labourables, les vieilles herbes et les pâturages jusqu'aux labours.
— Brûlon.

— Le sortant au 1er novembre, pendant qu'il fait les semailles, a droit aux regains, aux trèfles, aux sainfoins et non aux luzernes.

Il peut, en outre, faire paître les terres labourables jusqu'aux labours, et les champs occupés par les chaumes lorsqu'ils sont coupés.
— Le Lude.

— Le sortant au 1er mai peut, après le 1er mars, faire pacager ses bestiaux dans les sainfoins et les luzernes. Le sortant au 1er novembre fait paître dans les sainfoins, les luzernes, les vieilles herbes et les pâturages, jusqu'à sa sortie.
— Malicorne (1).

— Le sortant au 1er novembre, qui ensemence les gros blés, profite du regain, depuis l'Angevine (8 septembre) jusqu'à sa sortie ; il peut faire pacager les chaumes à partir du 15 août et les terres labourables, les vieilles herbes et les pâturages, jusqu'à sa sortie.

---

(1) Il y a des règles spéciales dans quelques communes de ce canton.

Le sortant au 1er mai peut également les faire paître jusqu'au 15 mars.

Mais ni l'un ni l'autre ne peuvent faire pacager les trèfles, sainfoins et luzernes, pendant la dernière année.

— Pontvallain.

— Dans l'année qui précède sa sortie, le sortant ne peut introduire que les veaux *d'un an* dans les trèfles mis dans les ensemencés de printemps ; il ne peut introduire aucuns bestiaux dans les luzernes.

Le sortant au 1er novembre peut faire pacager dans le sixième des chaumes lui appartenant. Après le 8 septembre, il peut également faire pacager dans les chaumes de l'entrant.

Le sortant au 1er mai ne peut faire pacager que la moitié des prairies artificielles. La division en deux parts est faite sur pied par l'entrant, le 1er mars au plus tard. Le choix est au sortant.

— Sablé.

— Le sortant au 1er novembre peut faire pacager les trèfles, sainfoins et luzernes jusqu'à sa sortie. Le sortant au 1er mai ou à Pâques peut les faire pacager jusqu'au 31 décembre inclusivement.

Les uns et les autres peuvent faire paître, toute l'année, les vieilles herbes et les pâturages.

Le sortant peut faire paître les prés jusqu'au 2 février.

— Mamers (1).

— Le sortant peut faire pâturer les prés et jeunes trèfles jusqu'au 2 février qui précède sa sortie ; il

______

(1) Sauf la commune de Villemès-la-Carelle.

peut faire pâturer les vieilles herbes et les pâturages jusqu'à sa sortie.
— Beaumont.

— Le sortant au 1er novembre peut mettre ses bestiaux dans les regains et dans les prairies artificielles jusqu'à sa sortie.

Le sortant au 1er mai, jusqu'au 2 février. L'un et l'autre peuvent mettre les bestiaux dans les vieilles herbes et les pâturages, sauf à les retirer si le terrain devient trop humide.
— Bonnétable.

— Le pacage est interdit, après le 2 février, dans les prés, les jeunes trèfles, les sainfoins et les luzernes. Le sortant peut faire paître les vieilles herbes et les pâturages jusqu'à sa sortie.
— Fresnay.

— Le pacage dans les prés et herbages est interdit après le 2 février.
— La Fresnaye.

— Le sortant au 1er mai ou à Pâques doit s'abstenir de faire pacager les trèfles et sainfoins à partir du 1er décembre, les prés ou pâtures, à compter du 2 février, les luzernes absolument.

Le sortant au 1er novembre peut faire paître les chaumes dès l'enlèvement de la récolte.
— Marolles.

— Le sortant au 1er novembre a le droit de faire pacager le regain des prés jusqu'au jour de sa sortie, les trèfles, sainfoins et luzernes, excepté ceux semés par l'entrant, jusqu'à la levée des guérets, les chaumes après l'enlèvement des récoltes, sauf ceux de menus grains où l'entrant a semé du trèfle, enfin les vieilles herbes et les pâturages.
— Montmirail.

— Le sortant au 1er mai ou à Pâques fait pacager les regains ou secondes herbes jusqu'au 1er décembre, et les vieilles herbes et pâturages jusqu'au 1er janvier.

— St-Paterne.

— Le sortant fait pâturer les prairies jusqu'au 2 février, les chaumes après l'enlèvement de la récolte, les vieilles herbes et les pâturages jusqu'au 1er février.

— Tuffé.

— Le sortant peut faire paître les vieux trèfles' sainfoins, vieilles herbes et pâturages, jusqu'à sa sortie.

— St-Calais.

— Le pacage dans les près doit cesser au mois de mars. Le sortant conduit ses bestiaux, s'il le veut, dans les vieilles herbes et pâturages jusqu'à sa sortie, ainsi que dans les prairies artificielles et dans les chaumes, après enlèvement de la récolte.

— Bouloire.

— Le pacage des prairies artificielles, des champs de chaume, des vieilles herbes et des pâturages, est réservé au sortant, jusqu'au 2 novembre, à la chute du jour.

— Château-du-Loir.

— Le sortant au 1er novembre peut faire pacager le regain des près jusqu'à sa sortie, ainsi que les chaumes, après l'enlèvement de la récolte, les vieilles herbes et les pâturages ; il ne peut conduire ses bestiaux dans les champs de trèfles (1), sainfoins et luzernes.

— La Chartre.

---

(1) Permis pourtant après l'enlèvement des graines.

— Le sortant peut faire pacager, jusqu'à sa sortie, les regains, les chaumes après l'enlèvement de la récolte, les vieilles herbes et les pâturages, mais non les trèfles, sainfoins et luzernes.

— Grand-Lucé.

— Le sortant au 1er novembre peut faire paître les regains des prés jusqu'au jour de sa sortie ; il a le même droit pour les prairies artificielles après la seconde coupe.

— Vibraye.

— Pacage dans les prairies communes. — Les bestiaux sont introduits, dans les regains des prés communs non clos, le 8 septembre, pour en sortir le 2 février. Un règlement d'administration communale fixe le nombre de bestiaux que chaque propriétaire peut y introduire.

— Ballon.

— Les bestiaux sont introduits du 15 août au 8 septembre, à raison de 3 chevaux ou 3 bœufs, ou 6 vaches, ou 9 taureaux et génisses par hectare. Ils sont retirés avant le 1er février.

— Montfort.

— Les bestiaux sont introduits du 22 juillet au 1er mars. Chaque propriétaire proportionne le nombre des bestiaux qu'il conduit au pâturage à l'étendue de sa part dans la prairie.

— La Flèche.

— Les bestiaux sont conduits au pacage en nombre indéterminé du 22 juillet au 2 février.

— Brûlon.

— Les prairies non closes sont soumises au pacage du 8 septembre au 1er mars. La quantité de bestiaux conduits par chaque propriétaire, est déterminée par des règlements particuliers.

— Le Lude.

— Même règle, mais le nombre des bestiaux n'est pas indiqué.

— Malicorne.

— Le pacage se fait du 8 septembre au 15 mars. La quantité de bestiaux est fixée par les titres.

— Pontvallain.

— Le pacage a lieu du 8 septembre au 1er décembre. Pas d'usage arrêté pour le nombre.

— Sablé.

— Le pacage se fait du 7 septembre au 2 février, à raison de 1 cheval ou une jument et son poulain, ou 2 bœufs, ou 2 vaches, ou 3 jeunes taureaux ou génisses par 33 ares.

— Bonnétable, Marolles (1).

— L'époque du pacage et le nombre des bestiaux sont déterminés par des règlements.

— La Ferté-Bernard.

— Pour chaque prairie il y a un règlement particulier; on peut faire pacager les prairies fauchables du 1er septembre au 30 novembre.

— La Fresnaye.

— Les bestiaux (à l'exception des moutons qu'on tolère jusqu'au 2 février) ne restent dans les prairies communes que jusqu'à Noël.

— St-Paterne.

---

(1) Le nombre des bestiaux varie suivant les communes et des règles tout à fait spéciales.

— Les bestiaux restent dans les prairies communes du 8 septembre au 2 février. Le nombre est proportionné à l'importance du terrain possédé.

— Tuffé.

— Les bestiaux ne peuvent être conduits dans les prés à une herbe qu'après le 12 juillet, et dans les prés à deux herbes qu'après le 8 octobre.

On ne doit plus les y conduire après le 1er décembre.

— St-Calais.

— Le pacage est autorisé depuis la première quinzaine de juillet jusqu'au 15 mars. La quantité de bestiaux est proportionnée à la quantité de terre possédée.

— Vibraye.

PAILLES.— Attribution entre l'entrant et le sortant. — Le sortant au 1er novembre doit laisser à son successeur toutes les pailles de la récolte précédant sa sortie, sauf 225 kil. qui lui sont attribués par chaque hectare ensemencé en gros blés. Le sortant au 1er mai laisse seulement à l'entrant 225 kil. par chaque hectare ensemencé en gros blés.

— Le Mans (1er et 3e c.) (1).

— Pour le sortant au 1er mai, même règle; le sortant au 1er novembre n'a pas même droit aux 225 kil. mentionnés ci-dessus.

— Le Mans (2e c.)·

— Le fermier qui ensemence en potages une terre destinée aux blés, doit, à titre d'indemnité, une quan-

---

(1) Sauf quelques communes (Parigné-l'Evêque et Yvré-l'Evêque) du 3e canton.

tité de paille égale à celle dont sa ferme a été privée. Le sortant au 1er novembre peut employer en litière 50 kil. de paille par 44 ares de labour, pourvu que cette quantité ne dépasse pas le sixième des pailles récoltées.

— Ballon.

— Le sortant au 1er novembre doit laisser toutes les menues pailles : il use des grosses modérément. L'entrant au 1er mai doit trouver 125 kil. par 44 ares de terre ensemencée en gros blés.

— Conlie.

— Le sortant au 1er novembre laisse toutes les pailles, lors même qu'il ferait l'ensemencement des gros blés. Le sortant au 1er mai doit laisser, à sa sortie, un sixième des empaillements de la dernière récolte.

— Ecommoy.

— Le sortant au 1er novembre laisse intactes toutes les grosses pailles ; il a le droit de faire manger toutes les menues. Le sortant au 1er mai doit laisser 100 kil. par 44 ares de guéret.

— La Suze.

— Le sortant au 1er novembre prend 100 kil. de paille par 44 ares de la sole qui doit être mise en froment. Le sortant au 1er mai laisse la même quantité de paille à l'entrant.

— Loué.

— Le sortant au 1er novembre n'a droit qu'aux balles d'avoine ; par exception, et s'il n'a pas récolté de foin, il prend pour nourrir ses bestiaux un tiers des menues pailles. Il doit un fumier entier par chaque année de céréales indûment récoltées ; les pailles restent, en outre, sur l'endroit. Enfin, le fermier qui ensemence en potager, en racines ou en herbes, un champ destiné à des céréales, rend une quantité de paille égale à celle dont l'endroit a été privé.

— Montfort.

— Le sortant à Pâques ou au 1er mai n'est obligé, sauf convention écrite, qu'à user de la paille avec modération.

— Sillé.

— Le sortant au 1er novembre doit laisser toutes les pailles provenant de la dernière récolte. Le sortant au 1er mai n'est pas tenu d'en laisser.

Le sortant consomme sur place les *pigriers*, c'est-à-dire les enveloppes qui restent de l'épi de blé après le battage.

Le fermier d'une terre détachée n'est pas tenu de laisser de paille, à moins qu'il n'en ait reçu à son entrée.

— La Flèche.

— Le sortant laisse toutes les pailles à l'entrant.

— Brûlon, Château-du-Loir, La Chartre, Montmirail. Tuffé (1), Vibraye.

— Le sortant au 1er novembre laisse à son successeur toutes les pailles de la dernière récolte i précéde la sortie et celles de la récolte qui suit.

Le sortant au 1er mai laisse un sixième des pailles de la récolte faite avant la sortie et la totalité de celle qui suit.

— Le Lude.

— Le sortant au 1er novembre laisse toutes les

---

(1) Pour le sortant au 1er novembre.

pailles de la récolte précédente. Le sortant au 1er mai n'est pas tenu d'en laisser, sauf dans la commune d'Arthizé, où il doit 100 kil.

— Malicorne.

— Le sortant au 1er novembre laisse toutes les pailles, même s'il n'a pas récolté de foin. Le sortant au 1er mai laisse à son successeur 50 kil. de paille par 44 ares de guérets.

— Mayet.

— Le sortant, qui ensemence les gros grains, a droit à 100 kilos par 44 ares d'ensemencés ; l'entrant au 1er mai a droit à une égale quantité pour la même surface.

— Beaumont, Pontvallain.

— Le sortant au 1er novembre laisse toutes les pailles. Le sortant au 1er mai n'en laisse aucune, mais seulement un sixième des chaumes de l'année précédente.

— Sablé.

— Le sortant au 1er mai laisse à l'entrant un tiers de la paille de la dernière récolte. Le sortant au 1er novembre a le droit de faire consommer un sixième de la paille de blé.

— Mamers (1).

— Le sortant au 1er novembre peut consommer un sixième des pailles de gros blés si la récolte des foins est mauvaise ; si elle est bonne, un douzième.

Le sortant au 1er mai doit à son successeur 50 kil. de grosses pailles par 44 ares de blé.

— Bonnétable.

---

(1) Sauf quelques communes où pour le sortant au 1er novembre il y a des règles spéciales.

— Le sortant à Pâques ou au 1er mai n'est pas tenu de laisser de paille à son successeur.

    — Fresnay, La Fresnaye (1), St-Paterne.

— Le sortant au 1er novembre a droit à un douzième des grosses pailles, s'il n'en a plus de vieilles; il n'a pas droit à celles de l'arrière-récolte.

    — La Ferté-Bernard.

— Le sortant au 1er novembre n'a droit qu'à un douzième des pailles de gros blés de la dernière récolte. Le sortant à Pâques ou en mai laisse à son successeur 100 kil. par 44 ares de gros blés.

    — Marolles.

— Le sortant laisse toutes les pailles de la dernière année, et, en outre, tous les *goussiers*. Les goussiers sont les pailles les plus brisées; elles se mettent par petits fagots de 2 kil. 1/2 à 3 kil. Il s'en trouve un paquet par six gerbes ordinaires. Lorsqu'ils ne sont pas en nombre suffisant, le fermier les paie au même prix que la paille.

    — St-Calais.

— Le sortant laisse toutes les pailles ; s'il n'a pas récolté de foin, il peut en faire consommer un tiers.

    — Bouloire, Grand-Lucé (2).

— **Embargement et partage des grosses et menues pailles.**
— C'est le sortant au 1er novembre qui a charge d'engranger ou de mettre les pailles en barge.

    — Le Mans (les 3 c.), Conlie (3).

---

(1) Dans ce canton, l'entrant est même obligé de lui fournir un logement pendant un mois après sa sortie, afin qu'il puisse faire consommer toutes les pailles de la récolte antérieure.

(2) Il doit en outre indemnité pour ensemencés indûment faits.

(3) Sans distinguer la date de la sortie.

— Même règle, qui s'applique, en outre, aux pailles de l'arrière-récolte. L'entrant indique la place des barges.

— Ballon.

— Le sortant au 1er novembre, qui a ensemencé les gros blés, est tenu d'embarger au lieu accoutumé, mais non d'engranger l'arrière-récolte. C'est encore le sortant qui transporte et met en barges celles de la dernière récolte.

— Écommoy.

— Le sortant engrange ou embarge les grosses pailles. Le sortant au 1er mai fait le même travail, mais avec un aide fourni par l'entrant.

— La Suze.

— Le sortant doit, dans tous les cas, engranger ou embarger.

— Beaumont, Bonnétable, Bouloire, Château-du-Loir, Grand-Lucé, Loué, La Chartre, Marolles, Montmirail, St-Calais, Tuffé, Vibraye.

— L'entrant préside au partage, mais le sortant engrange aux endroits indiqués.

— Bouloire, La Ferté-Bernard (1), Montfort.

— Le sortant n'est pas obligé d'embarger les pailles provenant de la récolte qui suit sa sortie.

— Pontvallain, Sablé, Sillé.

— Le sortant embarge ou engrange les pailles de la récolte qui précède la sortie. C'est l'entrant qui a cette charge pour celles de la récolte qui suit.

— La Flèche, Le Lude, Mayet.

— Même règle, mais l'entrant doit, en outre, prendre soin des menues pailles ou débris de l'aire.

— Brûlon.

---

(1) Le sortant n'est tenu qu'à conduire dans la grange les pailles de l'arrière-récolte.

— Le sortant n'est tenu de faire cette opération ni pour les pailles de la récolte qui précède la sortie, ni pour celles de la récolte qui suit.

— Fresnay, Malicorne.

— Les pailles de la récolte qui précède sa sortie sont embargées par le sortant, avec l'aide d'un homme nourri par lui, mais fourni par l'entrant.

— Sablé.

— Le sortant au 1er novembre transporte les pailles dans les bâtiments ou aide à les mettre en barge. Les pailles de l'arrière-récolte sont transportées par le sorti, si elles doivent être déposées dans un bâtiment; si elles doivent être embargées, le sortant fait chaque soir cette opération. Il n'est tenu d'élever la barge que jusqu'à hauteur d'homme. Le surplus est monté par un homme que l'entrant fournit; le sortant approche seulement la paille.

— Mamers.

— Le sortant doit engranger toutes les pailles, même celles de l'arrière-récolte; mais cette obligation cesse pour celles de l'arrière-récolte s'il n'y a pas de place dans la grange.

— St-Paterne.

— **Paiement de la paille** (col. part.). — Si, dans une ferme exploitée à col. part., il est nécessaire d'acheter de la paille, elle se paie par moitié.

— Conlie, Grand-Lucé, Malicorne, Pontvallain, Sablé, Sillé.

— Elle est payée par le propriétaire seul.

— Ballon.

PALIS — Planches liées entre elles par des limandes ou autres pièces de bois et servant à diviser les propriétés.

— Hauteur.

— De 1 m. 30 à 1 m. 60. — St-Calais.

— De 1 m. 30 à 2 m. — Beaumont, Montfort.

— 1 m. 33. — Bonnétable, Marolles, Vibraye.

— De 1 m. 33 à 1 m. 50. — Pontvallain.

— De 1 m. 33 à 1 m. 66. — La Fresnaye.

— 1 m. 50. — Grand-Lucé, La Ferté-Bernard, Le Lude, Loué, Malicorne.

— De 1 m. 50 à 1 m. 66. — Brûlon.

— 1 m. 66. — Ecommoy, Montmirail.

— De 1 m. 65 à 2 m. 33. — La Flèche.

— 2 m. 33. — Ballon.

— 2 m. 50. — La Suze.

— Mitoyenneté. — Les palis sont mitoyens quand la tête est évasée des deux côtés ; si elle ne l'est que d'un côté, il n'y a pas mitoyenneté.

— Château-du-Loir, La Suze.

— Si les traverses qui consolident les palis sont des deux côtés, il y a mitoyenneté ; autrement non.

— Montfort.

— Ce sont les lattes et la position des barres d'appui qui déterminent la mitoyenneté.

— Malicorne.

— Si les palis sont placés tous d'un côté, il n'y a pas mitoyenneté.

— La Ferté-Bernard.

— Il n'y a pas mitoyenneté, si la tête des clous et les palis sont placés d'un seul côté.

— Beaumont.

— *Id*... Si la saillie des poteaux est d'un seul côté

— Bonnétable.

— *Id*... Si les lattes ou traverses sont clouées sur les poteaux ou pieux d'un seul côté.

— St-Calais.

— Il y a mitoyenneté si les poteaux d'assemblage ont deux plans inclinés.

— La Chartre.

— Ils sont mitoyens s'ils s'appuient des deux bouts sur un mur mitoyen ou sur une haie mitoyenne.

— Vibraye.

— Ils sont toujours réputés mitoyens, sauf preuve contraire.

— Ballon.

— La clôture est mitoyenne si les têtes des chevilles sont placées alternativement des deux côtés.

— Ecommoy, La Flèche, Pontvallain, Tuffé.

PARCOURS.

Le droit de parcours n'existe pas dans la majorité des cantons de la Sarthe.

PARTAGE DE FRUITS. — *V.* Colonie partiaire.

PARTAGE DE GRAINS. — Entrant et sortant. — Le sortant au 1er novembre fait, à ses frais, l'arrière-récolte; il en partage les produits avec l'entrant, semences prélevées. — Le sortant au

1er mai partage également, semences prélevées, les gros blés, les blés retours, les orges et les avoines.

— Le Mans (les 3 c.), Ballon (1), Ecommoy (2).

— Les grains se partagent dès qu'ils sont battus. Avant le partage, ils sont déposés chaque soir dans la grange, et la clef est remise à l'ancien fermier.

— Conlie.

— Le sortant au 1er novembre, ne faisant pas les semailles d'automne, n'a rien à prétendre. Le sortant au 1er mai partage au contraire la récolte avec l'entrant, après prélèvement des semences. Il n'a aucun droit aux menus grains.

— La Suze.

— Le blé battu dans le cours de la journée se partage chaque soir.

— Montfort.

— Le fermier qui a semé les grains avant son départ (sans considérer la date de sortie), vient en faire la récolte, qu'il partage après avoir prélevé les semences.

— Bouloire, Brûlon, Bonnétable, Château-du-Loir, Grand-Lucé, La Chartre, La Flèche, La Ferté-Bernard, Le Lude, Malicorne, Mamers, Marolles, Mayet, Pontvallain, Sillé, Vibraye.

— Le sortant au 1er novembre partage, semences prélevées, les céréales d'automne. Le sortant au 1er mai partage par moitié avec l'entrant la récolte des gros blés qui suit sa sortie; il n'a aucun droit aux menus grains.

— Sablé.

---

(1) Le partage se fait au fur et à mesure que les grains sont criblés.

(2) Sauf dans quelques communes de ce canton où il n'est pas chargé de l'ensemencement.

— Le sortant à Pâques ou au 1er mai, partage par moitié avec l'entrant, semences prélevées.
— Beaumont.

— Les gros et menus grains ensemencés par le fermier sortant sont à lui en totalité.
— Fresnay.

— Le sortant au 1er mars ou à Pâques, a la totalité des gros blés. Les menus blés au contraire appartiennent tous à l'entrant qui a dû les semer.
— La Fresnaye.

— Il n'y a pas de partage entre l'entrant et le sortant; chacun récolte les grains par lui semés.
— St-Paterne.

— Le sortant au 1er novembre partage par moitié les gros blés avec le nouveau fermier ou avec le propriétaire. Il y a ou non prélèvement de semences, suivant que l'ancien fermier était à rente ou à moitié fruits.
— St-Calais.

PASSAGE (Droits de). Largeur. — Passage à tous besoins, avec charrettes ou charrues, 4 mèt.; passage avec bestiaux, 2 m.; avec seaux ou civières, 1 m. 33 c.
— Ballon, Grand-Lucé, Marolles.

— Sentier, 1 mètre. — Passage d'exploitation des champs, prés, bois taillis, 3 mètres en ligne droite.

Sentier de vigne, 1 m.; on ne peut y passer qu'à pied, sauf pendant l'hiver.
— Conlie.

— Passage de voiture, de 3 m. à 3 m. 33 c.; passage à pied ou avec civière, 1 mètre.

— Ecommoy.

— Passage à tous usages, 4 m. ; passage avec civière, 1 m. 33 c.

— La Fresnaye, La Suze.

— Passage à tous usages, 3 m. 30 c.

— Loué.

— Passage de voiture, sur propriétés non bâties, 3 m. 33 c., sauf à donner plus d'extension aux carrefours et détours.

Passage pour bestiaux, 2 m.; — à pied, avec seaux et civières, 1 m. Dans les vignes, les rigoles servent de sentiers.

— Montfort, Sablé.

— Passage d'exploitation pour terre labourable ou prairie, 3 m.; pour jardin, cour, bâtiment, 1 m. 50.

— Sillé.

— Passage pour charretté, 3 m.; pour bêtes de somme 2 m.; avec civière, 1 m.; route ou rote de faucheur, 1 m. 66. Passe pied, 50 cent. Sentiers transversaux et séparatifs des vignes, 50 c. dont 17 c. pris sur la vigne supérieure et 33 c. sur l'autre.

— La Flèche.

— Passage pour charrette, 3 m.; pour bestiaux 2 m.; passage pour gens de pied ou avec civières, 1 m.

— Brûlon, Château-du-Loir, Mayet, Montmirail.

— Pour les voitures, 3 m.; pour gens de pied ou bestiaux, 1 m.

— Le Lude, St-Paterne (1).

— De 3 à 4 m. pour voitures; de 1 m. à 1 m. 50 pour sentiers à pied.

— Malicorne.

— Passage avec voitures, somme et harasse, 3 m.; pour bestiaux, 2 m.; avec civière ou pour aller puiser de l'eau, 1 m. 33; passage à pied, 66 c.

— Pontvallain, Tuffé.

— Les passages ont de 1 à 4 m. en ligne droite.

— Mamers.

— 3 m. avec voiture; 1 m. 50 c. pour bestiaux; 1 m. pour gens de pied et avec civière.

— Beaumont.

— 3 m. 33 pour voiture; 1 m. 33 pour bestiaux; 1 m. pour brouettes. Le passage dans un pré dont l'exercice n'est pas réglé par un titre, se pratique du 22 juillet au 2 février.

— Bonnétable.

— Pour voiture et bestiaux, 3 m.; 1 m. pour gens de pied et avec civière.

— Fresnay.

— 3 m. 33 pour voiture; 1 m. 50 pour bestiaux; pour gens de pied et brouettes, 1 m.

— La Ferté-Bernard.

— 3 m. 30 pour voiture; 2 m. pour bestiaux; 1 m. pour gens à pied ou avec brouette.

— St-Calais.

---

(1) La largeur des passages autres que ceux des voitures, est déterminée par titres.

— De 3 m. 33 à 4 m. pour les voitures, en ligne droite, sauf à donner de l'extension aux détours ;

2 m. pour bestiaux, avec sceaux et civière ; 1 mèt. dans les vignes, les rigoles servant de sentier.

— Bouloire.

—3 m. avec voiture ; 2 m. 33 avec bête de somme ; 1 m. 33 pour rouler un tonneau ; 1 m. pour gens à pied ou avec civière.

— La Chartre.

— 3 m. pour voiture ; de 1 m. 33 à 1 m. 66 pour bestiaux ou avec civières ; 1 m. à pied.

— Vibraye.

PATURAGE. *V.* Pacage.

PÉPINIÈRES.— Plantation.—Le fermier ne peut planter de pépinières sans le consentement exprès et par écrit du propriétaire.

— Beaumont, Brûlon, Ecommoy, La Fresnaye, Mayet, Tuffé.

— Il peut en planter sans le consentement du propriétaire.

— Ballon, Bouloire, Grand-Lucé, La Suze, Marolles, Sablé, St-Paterne.

— *Id...* Dans les jardins.

— Montmirail, Pontvallain.

— *Id...* Pour les terres non assolées.

— La Ferté-Bernard, Sillé.

— *Id...* Mais seulement pour les besoins de la ferme et du bordage.

— La Chartre, Le Lude, Malicorne.

— Le consentement du propriétaire n'est pas non plus nécessaire pour les closeaux et jardins non assolés

— Bonnétable, Conlie, Montfort, Vibraye.

— La plantation est permise sans l'autorisation du propriétaire, pourvu que ce ne soit ni dans les prés et pâtures, ni dans les terres labourables assolées.
— Mamers.

PESAGE (Frais de). — A la charge du vendeur ou fermier qui doit livrer.
— Unanimement accepté.

PÉTEREAUX. — *V.* Arbres fruitiers.

PEUPLIERS. — *V.* Bois taillable.

PLESSARDS - PLESSER - PLESSER. — *V.* Bois taillable, clôtures, haies vives.

PIGRIERS. — *V.* Paille.

PIN MARITIME. — *V.* Bois taillable.

PLANTATION D'ARBRES. — Le propriétaire peut planter sur ses immeubles tous les arbres qui lui conviennent, pourvu que ces plantations ne préjudicient pas au fermier.
— Ballon, Bouloire, Brûlon, Bonnétable, Conlie, Ecommoy, Loué, La Flèche, La Suze, Malicorne, Montfort, Pontvallain, Sillé, St-Calais.

— Le propriétaire ne peut planter que sur les fossés et non sur les terres affermés.
— Le Lude.

— Le propriétaire fait, à ses frais, toutes les plantations qu'il veut, mais seulement sur les haies ou le long des ruisseaux et pourvu que les terres ne soient pas ensemencées.
— Sablé.

— Le fermier peut planter et greffer des arbres sans le consentement du propriétaire.

— Conlie, Ecommoy, La Fresnaye, Le Lude (1), Malicorne, Montmirail, Vibraye.

— Cela lui est interdit sans le consentement du propriétaire.

— Bouloire, Ballon, Bonnétable, Fresnay, La Flèche, La Suze, Montfort, Pontvallain, Sillé, St-Calais.

— Le fermier ne peut planter sans le consentement du propriétaire, mais il doit greffer les sujets qui y sont propres.

— Brûlon, Ecommoy.

V. Arbres.

PLANTES FOURRAGÈRES. — Consomma-tion.— Ensemencement.— Le sortant au 1er novembre a le droit d'ensemencer les plantes fourragères au mois de mars qui précède sa sortie; il se conforme à l'assolement.

— Mayet.

— Si l'assolement est quadriennal, le fermier ne peut faire qu'un vingtième des terres en pois ou vesces, s'il les laisse venir à graine.

— St-Paterne.

— Le fermier ne peut semer des vesces sans le consentement du propriétaire; il doit, dans ce cas, les faire manger en vert et les semer sur le guéret des-tiné aux gros blés.

— Montmirail.

— Elles se font sur [la [moitié de la 3e ou 4e sole

---

(1) Sur les fossés seulement et non dans l'intérieur des fossés.

destinée aux gros blés : elles doivent se couper en vert et se consommer sur place.

— Fresnaye.

— Sur la sole destinée au blé on peut semer de l'hivernage, des pois, des vesces et du trèfle.

— La Fresnaye.

— Sur le guéret, levé à la St-Jean pour les gros blés d'automne, on sème les trèfles, les vesces, les céréales ; on les coupe en vert.

— Bouloire.

— Mêmes usages que pour les plantes printanières.

— Tuffé.

PLANTES PARASITES. — On comprend sous ce nom les patiences ou parelles, fougères, ivraies, chardons, chiendents, et toutes plantes à graines ailées.

Elles doivent être détruites avant la maturité des graines.

— Brûlon, Ecommoy, La Flèche, Le Lude, Loué, La Suze, Malicorne, Montfort, Sillé.

— Elles doivent être détruites avant la floraison.

— Sablé.

PLANTES PRINTANIÈRES. — Sont ainsi nommées le chanvre, les pommes de terre, les citrouilles, les pois ou autres plantes légumineuses ou potagères, les navets, les lisettes, les betteraves, la carottes, le maïs et le sarrazin.

Ces plantes sont ensemencées au printemps sur la sole destinée aux gros blés.

— **Consommation.** — **Ensemencement.** — **Fumure.** — Dans l'assolement quadriennal, le fermier ensemence sur la 4e sole après trèfle, moitié en chanvre, moitié en pommes de terre, citrouilles, pois ou autres plantes légumineuses. — Même règle pour l'assolement triennal.

— Le Mans. (1re et 3e c.) (1).

— Il peut ensemencer la 4e sole en chanvre ou potages à son gré. — *Id...* pour la culture par tiers.

— Le Mans (2e c.).

— Le fermier peut ensemencer en potages de 1/8 au quart de la cotaison d'herbe ; il ne peut fumer, avec les engrais du lieu, que le chanvre et les citrouilles.

— Ballon.

— Les 2/3 de la 4e sole pourront être ensemencés en chanvre, pommes de terre, haricots, etc., etc. On tolère quelques sillons de sarrazin.

Les chanvres et haricots peuvent seuls être fumés, la dernière année, avec les engrais du lieu. On ne peut jamais semer d'avance sur la 4e sole.

— Conlie.

— Toute la cotaison préparée en guéret peut être ensemencée en potages, pommes de terre, chanvres. Les chanvres et les pommes de terrre peuvent être fumés avec les engrais du lieu, mais avant le 24 juin. Après les blés retours, le fermier peut semer des navets ou raiforts.

— Ecommoy.

— Le fermier peut ensemencer un quart de la 4e sole, sans fumier.

— La Suze

---

(1) Sauf la commune de Parrigné.

— La moitié de la 4e sole en jachères est consacrée à l'ensemencement des pommes de terre, potages et chanvres, avec fumier.

— Loué.

— 1/9 de la 3e sole peut être ensemencé en betteraves, citrouilles, chanvres, pommes de terre, maïs, sarrazin. Si l'assolement est quadriennal, le terrain affecté à cette culture est le 6me de la 4e sole.

— Montfort.

— On sème les plantes printanières sur la 1/2 au plus de la 4e sole. Les fermiers n'ont pas le droit de semer de l'avoine sur cette sole.

— Sillé.

— Le sortant ne peut, après la récolte de l'orge précoce, semer sur cette terre ni autres grains, ni pommes de terre. Le sortant au 1er novembre ne peut semer que la 12e partie des terres en pommes de terre. Il doit consommer sur place les plantes printanières.

— La Flèche.

— On les sème sur 1/4 de la 4e sole. Le fermier peut les fumer.

— Brûlon.

— Le sortant au 1er novembre ou au 1er mai peut enlever navets, betteraves, carottes et pommes de terre. La citrouille se consomme sur place.

— Le Lude.

— Le fermier peut fumer, avec les engrais du lieu, les plantes printanières, à l'exception des pommes de terre.

Pour l'ensemencement, la règle varie avec chaque commune.

— Malicorne.

— Le sortant au 1er mai peut, dès le 1er janvier, faire les guérets pour l'ensemencement des chanvres et des pommes de terre.

Il peut fumer avec les engrais du lieu.

— Mayet.

— Si l'assolement est triennal, on peut ensemencer les 2/3 de la 3e sole. Si l'assolement est quadriennal et si le trèfle ne réussit pas, on peut ensemencer en potagers non fumés la 3e sole, et aussi la moitié de la 4e sole, mais en fumant.

Le sortant au 1er mai ou au 1er novembre, peut ensemencer au printemps qui précède sa sortie, 2/3 des terres vides, s'il s'agit d'un bordage et 1/2 des terres vides pour les fermes.

— Pontvallain.

— On sème des plantes sarclées et des chanvres ou lins sur les terres des guérets destinés aux gros blés.

Le sortant au 1er mai en sème à partir du 10 novembre. — Le sortant au 1er novembre partage avec l'entrant la récolte faite dans les guérets destinés aux céréales d'automne, sauf les pommes de terre et betteraves.

Le sortant au 1er mai emporte les pommes de terres et les racines fourragères qui lui appartiennent.

— Sablé.

— Le fermier peut ensemencer, au printemps, le tiers de la cotaison d'herbe si l'assolement est triennal et la moitié, si l'assolement est quadriennal.

Les chanvres sont fumés ; les potages ne le sont pas, généralement.

— Mamers (1).

— Le sortant ensemence en hivernages 1/3 de la cotaison dans l'assolement triennal, et moitié dans l'ensemencement quatriennal, — sur écot d'orge seulement dans le premier cas. Il ne doit laisser venir à graine que la moitié de ces hivernages.

Le chanvre doit être fumé ; les pommes de terre peuvent ne pas l'être, à moins qu'elles ne doivent être suivies de blé.

— Beaumont.

— Les potages se font, sur le guéret, à blé, dans 1/4 de la cotaison ou 1/3, suivant l'assolement. Si la terre est légère on peut employer la moitié de la cotaison. Les chanvres et les citrouilles doivent être fumés abondamment.

— Bonnétable.

— On ensemence 1/2 de la 3e ou 4e sole.

— Fresnay.

— On peut ensemencer 1/4 de la cotaison destinée aux gros blés. On y met un demi fumier. — On ne doit pas faire de plantes printanières la dernière année du bail.

— La Ferté-Bernard.

— Il est interdit de semer des grains ronds sur le guéret à blé, sans la permission du propriétaire. On fume les pommes de terre et le chanvre.

— La Fresnaye.

---

(1) Sauf quelques communes pour lesquelles il y a des usages différents.

— Les retours, c'est-à-dire les chanvres, pois et vesces, se sèment sur le tiers de la cotaison et sur écot d'orge et d'avoine; sur la moitié au plus de la cotaison de vieux trèfle, si l'assolement est quadriennal.

Les chanvres doivent être fumés abondamment.

— Marolles.

— On ne peut semer de plantes printanières sur la 4e sole, qu'avec la permission du propriétaire et dans le cas seulement où une récolte de trèfle et de sainfoin vient à manquer.

— Montmirail.

— On ne peut faire de pommes de terres que sur 1/10e de la dernière cotaison.

— St-Paterne.

— Dans l'assolement quadriennal, on ensemence 1/4 de la cotaison destinée au blé ; si l'assolement est triennal on ensemence le 1/3 de la même cotaison.— Les pois, vesces et jarosse doivent être consommés en vert. On ne fume pas les pommes de terre. Les chanvres, navets, betteraves, choux et citrouilles doivent être fumés avec un demi fumier.

— Tuffé.

— Les ensemencés de printemps sont à peu près inusités et le fermier qui en ferait, à sa sortie, serait passible d'une indemnité.

— St-Calais.

— On ensemence 1/3, 1/4 ou 1/5 de la sole, suivant l'assolement. — Les trèfles, vesces, céréales doivent être coupés en vert. — Les pommes de terre, maïs, sarrazin, betteraves, ne se fument pas.

— Bouloire.

— L'ensemencement se fait dans 1/5 des terres destinées aux menus grains, si l'assolement est triennal ; si l'assolement est quadriennal, l'ensemencement se fait dans le dernier quart. Les pommes de terre n'y peuvent entrer que pour 1/5 et les citrouilles pour 1/20.

Dans l'assolement triennal, le fermier ne peut, la dernière année, semer de pommes de terre, à peine de perdre, à titre d'indemnité, sa moitié des blés récoltés après la sortie.

Le fermier ne peut jamais fumer ces ensemencés avec les engrais du lieu.

— Château-du-Loir.

— Le fermier ne peut semer ses plantes printanières sur la sole destinée aux gros blés ; il peut remplacer tout ou partie des céréales de printemps par des pommes de terre ou autre culture.

— La Chartre.

— On ne doit jamais, la dernière année du bail, semer de céréales de printemps. On ne sème du sarrazin que dans les mauvaises terres.

— Grand-Lucé.

— On emploie, pour la culture des plantes printanières, 1/16 de la contenance de la ferme.

— Vibraye.

PLATRAGE. — Le plâtrage est autorisé, pour fumer les plantes fourragères, sans le consentement du propriétaire.

— Ballon, Bouloire, Brûlon, Château-du-Loir, Conlie (1), Fresnay, Grand-Lucé, Loué, La Chartre, La Ferté-Bernard, La Flèche, La Fresnaye, Le Lude, La Suze, Malicorne, Montmirail, Pontvallain, St-Calais, Sablé, Tuffé, Vibraye.

---

(1) L'entrant au 1er mai peut répandre du plâtre sur les jeunes trèfles et les prairies artificielles.

— On peut semer du plâtre sur les jeunes trèfles.

— Bonnétable, Ecommoy, Marolles, Sillé.

— Le plâtre peut être employé dans les terres labourables sans le consentement du propriétaire.

— Ballon , Château-du-Loir, Conlie , La Fresnaye , Marolles. Montmirail, Pontvallain, Sablé.

— Le plâtrage ne peut être fait qu'une fois en 6 ans, avec le consentement du propriétaire.

— Montfort.

— Il faut le consentement du propriétaire pour l'employer dans les terres labourables.

— Beaumont, Brûlon, Bonnétable. Ecommoy, Fresnay, Grand-Lucé, La Chartre, Loué, La Flèche, La Ferté-Bernard, La Suze, Le Lude, St-Calais, Tuffé, Vibraye.

POIS. — *V. Plantes printanières.*

POMMES A CIDRE. — *V. Cidre. Pressoir.*

POMMES DE TERRE. — **Consommation. — Ensemencement. — Fumure. — Partage. — Rameaux.**

Le fermier sortant n'a pas le droit de semer des pommes de terre avant sa sortie. — Il peut disposer absolument de celles qu'il a récoltées pendant son exploitation.

— Sillé.

— Le sortant peut enlever les pommes de terre qu'il a cueillies.

— Ballon, Beaumont, Bonnétable, Bouloire, Brûlon, Conlie, Ecommoy, Grand-Lucé, La Chartre, Loué, La Ferté-Bernard, La Suze, Le Lude, Mamers, Mayet, Marolles, Montfort, Montmirail, Poutvallain, Tuffé.

— Le sortant au 1er novembre peut en semer dans le 10ᵉ des terres destinées aux céréales d'automne ;

il en fait la récolte à son profit et il peut les enlever. L'entrant en sème dans les mêmes proportions.

— Sablé.

— Le sortant au 1er novembre peut en semer dans le 12e des terres, sans fumer. Il a le droit de les emporter.

— La Flèche (1).

— Le sortant ne peut, sans autorisation, semer des pommes de terre, la dernière année ; sinon il les partage avec l'entrant, semences prélevées.

— St-Calais.

— Le sortant doit consommer sur le lieu 1/4 des pommes de terre.

— Château-du-Loir.

— Elles reçoivent un demi fumier quand elles précèdent le blé.

— Vibraye.

— Le fermier de terres détachées peut la dernière année y faire des pommes de terre, sans les fumer.

— Ballon, Beaumont, Bouloire, Conlie, Ecommoy, La Flèche, La Suze, Marolles (2), Montfort, Montmirail (3), Sablé.

— Même règle, mais avec obligation de les fumer.

— Bonnétable, Malicorne.

— Le fermier de terres détachées ne peut faire de pommes de terre sans les fumer, et le sortant n'en peut faire si, à sa sortie, il fait un ensemencement en gros blés.

— La Ferté-Bernard.

---

(1) Sauf commune d'Aligné.
(2) Pourvu que le terrain ait été fumé l'année précédente.
(3) Sur un tiers ou moitié des jachères, suivant l'assolement.

— Le fermier de terres détachées peut, l'année de sa sortie, faire des pommes de terres, sans les fumer, pourvu qu'il ne mette pas plus de deux ensemencés sur un même engrais.
— Brûlon, Loué (1).

— Le fermier de terres détachées peut, sans fumer, en faire dans le 1/3 du terrain. Si ce terrain doit être ensemencé en blé au 1er novembre et si la sortie est à Pâques, il n'a pas cette faculté.
— Mamers.

— Le fermier de terres détachées peut en faire la dernière année, en les fumant.
— Château-du-Loir, Fresnay, Grand-Lucé, **La Fresnaye**, Pontvallain, St-Paterne, Tuffé, Vibraye (2).

— Le fermier de terres détachées **ne peut pas** en faire la dernière année.
— La Chartre, Le Lude.

— **Enlèvement.**
— Le fermier de terres détachées doit **les enlever :** Avant le 1er novembre.
— Bonnétable, Bouloire, Brûlon, Loué, La Ferté-Bernard, La Flèche, La Suze, Mayet, Malicorne, Montfort, Montmirail, Pontvallain, Tuffé, Vibraye.

— Au cours de septembre.
— Beaumont.

— A la fin de septembre.
— Grand-Lucé.

— Le 1er octobre.
— Sablé.

---

(1) Le sortant au 1er mai ne peut piquer de pommes de terre.
(2) A charge en outre de rendre les terres dans l'état où il les a reçues.

— Avant le 15 octobre.

— Conlie, Ecommoy.

— A temps pour faire le labour qui précède l'ensemencement des gros blés.

— St-Calais.

— **Fanes et rameaux.**

— Les rameaux ou fanes de pommes de terre appartiennent à la ferme comme engrais.

— Ecommoy, Grand-Lucé, La Flèche, Malicorne, Montmirail, Montfort, Pontvallain, Sillé (1), St-Paterne, Tuffé.

— Ils sont, comme les pommes de terre, à la disposition absolue du fermier qui a semé.

— Beaumont, La Suze, Le Lude, Sablé.

— Les rameaux verts appartiennent au fermier qui est sur le lieu. Les rameaux secs sont à l'entrant.

— Brûlon, Conlie, Mayet.

— Les rameaux appartiennent au fermier entrant.

— Ballon, Bonnétable, Bouloire, Marolles.

— Le sortant peut en disposer.

— Mamers, Vibraye.

— Le sortant peut les couper en vert pour les faire consommer sur le lieu, pour ses bestiaux.

— La Chartre, La Ferté-Bernard.

POTAGES. — *V.* Plantes printanières.

POULIES. — *V.* Réparations locatives.

POUSSIERS.— POUX. — *V.* Pailles.

---

(1) Ils ne sont coupés qu'en août.

PRAIRIES ARTIFICIELLES. — Règlement des droits de l'entrant et du sortant. —
Le sortant laisse son successeur semer du trèfle dans les ensemencés en blés retours, orges ou avoines, qui précèdent la cessation de son bail.

— Le Mans (les 3 c.).

— Le sortant doit laisser l'entrant semer du trèfle ou autres plantes fourragères dans les orges ou avoines de printemps qui précèdent sa sortie ; il doit le prévenir verbalement du jour où il pourra faire ces semailles.

On sème 4 hectares de trèfle avec 40 litres de sainfoin par 44 ares de terre ensemencée en orge ou avoine.

L'entrant au 1er mai peut semer ces graines dans les orges et avoines de l'année de sortie et dans celles de l'année précédente.

Le sortant au 1er novembre peut faire consommer toutes les luzernes.

— Conlie.

— Le sortant est tenu de laisser son successeur semer dans toutes espèces de céréales de la graine de trèfle et autres plantes fourragères; il doit le prévenir du jour où les semailles doivent avoir lieu. Si la sortie a lieu au 1er mai, l'obligation existe et pour l'année de sortie et pour l'année précédente.

— Loué.

— L'entrant (sans distinction d'époques) a le droit de semer du trèfle dans les retours.

— Ecommoy.

— Le sortant ne peut semer du trèfle dans les retours sans l'autorisation du propriétaire ; l'entrant ne peut en semer sans devoir une indemnité au sortant ou au propriétaire.

— La Suze.

II.　　　　　　　　　　　　12.

— Si le sortant a semé de la graine de trèfle dans les blés de mars, il doit lui être tenu compte de ses dépenses d'achat et de main-d'œuvre ; s'il ne l'a fait, son successeur peut réparer cette omission. Quand l'assolement est triennal le fermier peut laisser mûrir assez de grains de trèfle pour ses ensemencés. Quand l'assolement est quadriennal, le fermier a le droit de laisser le trèfle venir à graine sur la 4e sole.

— Montfort.

— Le sortant à Pâques ou au 1er mai laisse son successeur semer de la graine de trèfle sur les orges et avoines de l'année de sortie ; dans l'année qui précède, c'est le sortant qui sème la graine de trèfle.

— Sillé.

— L'entrant au 1er novembre sème de la graine de trèfle dans la cotaison ensmencée en blé par le sortant. Le sortant peut cueillir le trèfle avant le 24 juin ; il en emporte la graine. Il peut également cueillir le vesceau avant le 15 avril.

L'entrant au 1er mai sème les menus grains dans lesquels il peut mettre de la graine de trèfle.

— La Flèche.

— On mêle aux orges et avoines de printemps 12 kilogr. graine de trèfle et 1 kilogr. de graine de navets par hectare.

C'est l'entrant qui, la dernière année, les fournit et les sème.

Après la récolte, l'entrant peut encore semer sur ces trèfles du vesceron ou du trèfle incarnat; il peut aussi, du 15 février au 15 mars, semer de la graine de trèfle dans un tiers des champs semés en froment dont la récolte se partage ; a le même droit dans les récoltes de l'année précédente.

— L'entrant au 1er novembre sème des graines fourragères dans le tiers des jachères, et du trèfle ordinaire dans les gros blés.

Le sortant au 1er mai ne peut rien prétendre sur les plantes fourragères qui ont été semées par son successeur.

— Le Lude.

— L'entrant sème des trèfles dans les menus grains et dans les blés de mars des deux dernières années du bail. — L'entrant au 1er mai sème des graines fourragères sur les ensemencés des blés retours.

Le sortant à cette date met du vesceron dans les vieux choux et en profite, pourvu qu'il fasse ces semailles avant le 1er janvier.

— Pontvallain.

— L'entrant peut semer de la graine de trèfle dans les menus grains et dans les blés de mars des deux dernières années du bail.

— Ballon, Malicorne, Montmirail.

— L'entrant au 1er mai peut semer de la graine de trèfle dans les menus grains.

— Mamers (1).

— Dans l'assolement triennal, le fermier peut semer du trèfle dans l'orge ou l'avoine; il le fait paître ou faucher et dans ce cas il ne fait qu'une coupe. Il peut en laisser à graine sur un dixième au plus des terres labourables.

Si l'assolement est quadriennal, on peut faire deux coupes de trèfle la 3e année. La 4e année, le trèfle doit servir de pâture.

---

(1) Quelques communes ont des usages spéciaux.

Les fermiers peuvent faire des sainfoins et des luzernes, et, quand ils sont usés, à leur place, faire deux grains, sans fumier.

— Saint-Paterne.

— Le fermier peut semer du trèfle dans les orges. Si l'assolement est triennal, l'usage est de laisser venir à graine un tiers de ce trèfle. L'entrant doit une indemnité au sortant pour la graine semée par celui-ci dans l'année qui précède la sortie, à raison de 3 kil. par 44 ares de terre ensemencée.

L'entrant a le droit de semer du trèfle dans les orges.

— Beaumont.

— L'entrant peut semer du trèfle dans les orges et avoines jusqu'à concurrence de 3 à 4 kil. par 44 ares.

— Fresnay.

— L'entrant à Pâques peut en semer, à ses frais, dans tous les menus grains qui sont semés l'avant-dernière et la dernière année par le sortant, à raison de 3 kil. par 44 ares. L'entrant au 1er novembre a le même droit, l'année de sortie. On peut laisser venir le trèfle à graine, sauf dans l'année de sortie, si l'assolement est triennal.

— Marolles.

— Le sortant est tenu de semer des graines fourragères sur les menus grains de l'avant-dernière année ; l'entrant ne peut le faire que s'il y est autorisé.

— La Ferté-Bernard.

— L'entrant ne peut en semer sans devoir une indemnité au sortant.

— Bonnétable, Brûlon, La Chartre, La Fresnaye, La Suze, Mayet.

— L'entrant sème des trèfles dans les orges et avoines, au moment des semailles. Le sortant ne peut faire pâturer les jeunes trèfles. Si l'assolement est quadriennal, le fermier peut laisser venir le trèfle à graine. Si l'assolement est triennal, il coupe la première herbe pour labourer ensuite.

— Tuffé.

— Le sortant n'est pas tenu de laisser de luzerne. Il ne peut, la dernière année de sa jouissance, laisser venir le trèfle à graine.

— St-Calais.

— L'entrant n'a pas le droit de semer de plantes fourragères ; d'autre part, le sortant qui en sème ne doit réclamer aucune indemnité.

— Bouloire.

— Dans l'année qui précède la sortie, le sortant peut consommer le produit de toutes les prairies artificielles.

— Ballon, Beaumont, Bonnétable. Brûlon, Conlie, Ecommoy, Grand-Lucé, La Flèche, La Fresnaye, La Suze, Le Lude, Loué, Malicorne , Marolles, Mayet, Montmirail, Pontvallain , St-Paterne, Tuffé.

— La paille des fourrages venus à graine, dans l'année qui précède la sortie, appartient à l'entrant.

— Montfort.

— Le sortant n'est tenu de laisser que la quantité de fourrages portée sur son bail lors de la montrée.

— Fresnay, La Chartre, Mamers.

— Le sortant n'est tenu d'en laisser que s'il en a trouvé à son entrée ; il en doit alors à sonsuccesseur la moitié de la récolte.

— St-Calais.

— Les prairies artificielles se consomment en vert
et le sortant n'est pas tenu d'en laisser.

— Bouloire.

La coupe des prairies artificielles se fait du 1er au
24 juin.

— Sablé.

— **Trèfle à graine.**

— Les tiges du trèfle qu'on laisse venir à graine
doivent être consommées sur le lieu. On ne peut
laisser les vesces venir à graine qu'en quantité suffisante pour rendre la semence.

— Château-du-Loir.

— Le sortant qui sème des plantes fourragères a
droit à une indemnité.

— Vibraye.

— Le fermier ne laisse venir à graine que la moitié
de la cotaison du trèfle.

— Grand-Lucé.

— Le sortant peut laisser venir le trèfle à graine,
la dernière année du bail comme au cours du bail.

— Ballon, Bouloire, Brûlon, Conlie, La Flèche, Loué,
La Suze, Malicorne, Sablé, Vibraye.

— Il ne peut en laisser venir la dernière année
qu'en petite quantité.

— St-Paterne.

— Le sortant peut laisser venir le trèfle à graine,
sauf indemnité, si pour ce fait la récolte suivante
avait souffert.

— Marolles.

— La dernière année le sortant peut laisser venir

le trèfle à graine si l'assolement est quadriennal, et non dans l'assolement triennal.

— Beaumont, Bonnétable, Château-du-Loir, Ecommoy, Fresnay, La Chartre, La Ferté-Bernard, Mamers.

— Le sortant au 1er novembre ne peut laisser venir le trèfle à graine. Le sortant au 1er mai le peut.

— Pontvallain.

— Le sortant ne peut la dernière année laisser venir de trèfle à graine.

— La Fresnaye, Le Lude, Montmirail.

PRAIRIES ET PRÉS NATURELS. — Prairies communes. — Sont ainsi nommées les prairies non closes dont chaque portion appartient à différents propriétaires qui ont seuls droit à la première herbe ; mais la deuxième est pacagée par tous leurs bestiaux réunis indistinctement.

Si l'un des propriétaires veut se clore, il faut qu'il le fasse sur son terrain

— **Entrant et sortant.** — L'entrant au 1er novembre n'a le droit de faire des travaux d'amélioration, dans les prés clos, qu'après la sortie de son prédécesseur.

— Beaumont, Bouloire, Château-du-Loir, La Chartre, La Ferté-Bernard, Grand-Lucé, Marolles, Montfort, Montmirail, St-Calais, Tuffé, Vibraye.

— Le sortant doit souffrir que l'entrant fasse, avant son entrée en jouissance, tous les travaux d'amélioration qu'il lui conviendra d'entreprendre aux époques suivantes :

— A partir du 1er décembre. — Sablé.

— Après le 1er janvier. — La Suze.

— A partir du 1er février. — Fresnay, La Fresnaye, Mamers, St-Paterne.

— A partir du 1er mars. — La Flèche, Le Lude, Malicorne.

— A partir du 2 février. — Beaumont, Bonnétable, Brûlon, Conlie, Lué, Loué, Marolles.

— A partir du 15 mars. — Pontvallain.

— A la fin de l'hiver. — Ecommoy.

— Après l'enlèvement du regain. — Ballon.

— **Entretien des prairies**. — Le fermier est obligé de curer les sangsues et rigoles :

— Vers la fin d'octobre. — Ballon.

— Du 1er novembre au 1er avril. — Beuamont, Bonnétable.

— En novembre, pour les rigoles d'assainissement; en février, pour celles d'irrigation. — La Chartre.

— En décembre. — Conlie.

— Dès le 15 décembre précédant la sortie. — Loué.

— En janvier. — La Fresnaye.

— Avant le 2 février. — Brûlon.

— De février à mars. — Fresnay.

— Avant le 1er mars. — Le Lude, Mayet, Pontvallain.

— En mars. — Ecommoy, Fresnay, La Flèche, La Suze.

— Au cours de l'hiver. — Bouloire, Château-du-Loir, Malicorne, Mamers, Marolles, Montfort, Montmirail, Sablé, St-Calais, Sillé.

— Pendant l'hiver et au printemps. — Grand-Lucé.

— Au commencement du printemps. — Vibraye.

— Soins d'entretien.

— Le fermier doit épinee et étaupiner les prairies, abaisser les buttes, détruire les fourmilières, de façon, en un mot, à ce qu'elles soient toujours à faulx courante.

— Ballon, Beaumont, Bonnétable, Bouloire, Brûlon, Conlie, Château-du-Loir, Écommoy, Fresnay, La Chartre, La Flèche, La Ferté-Bernard, La Fresnaye, La Suze, Le Lude, Loué, Mamers, Marolles, Mayet, Montmirail, Montfort, Pontvallain, Sablé, St-Calais, St-Paterne, Sillé, Tuffé.

— Le fermier doit également détruire les prêles et ajoncs.

— Ballon.

— Le fermier n'est tenu à défaut de convention expresse, que de l'arrachage des ronces et épines.

— Grand-Lucé.

— La dernière année du bail, c'est le fermier qui doit donner aux prairies tous les soins obligés.

— Conlie.

— Le sortant au 1er mai ou au 1er novembre n'est pas tenu d'étaupiner.

— Malicorne, commune de Bousses.

— Les fourmilières et taupinières doivent être étendues deux fois par an. La fiente des bestiaux doit être soigneusement étendue. Ces obligations incombent au fermier sortant dans l'année de sortie, mais c'est l'entrant qui fait la clôture. Les terres labourables, converties en prairies, ne peuvent être changées de culture qu'avec l'agrément du propriétaire.

— Sablé.

— Le sortant en mai n'est pas tenu de raser les taupinières nouvelles.

— Pontvallain.

— Le sortant doit rendre la clôture des prés dans l'état où il l'a trouvée.

— Montfort.

— La clôture des prés est faite par le sortant.

— Brûlon, Conlie, Ecommoy, La Flèche, La Suze, Loué, Malicorne, Pontvallain, Sillé.

— Elle est faite par celui qui prend la récolte.

— Le Lude.

— Les fermiers, sauf conventions contraires, ne sont pas obligés de fumer les prés et prairies.

— Ballon, Beaumont, Bonnétable, Bouloire, Brûlon, Château-du-Loir, Conlie, Ecommoy, Fresnay, Grand-Lucé, La Chartre, La Flèche, La Ferté-Bernard, La Fresnaye, La Suze, Loué, Malicorne, Marolles, Mamers, Mayet, Montmirail, Sablé, St-Calais, St-Paterne, Sillé, Tuffé, Vibraye.

— Le fermier n'est tenu qu'à étendre, dans les prés et prairies, les terreaux des cours.

— Le Lude, Pontvallain.

PRESSOIR — Le sortant peut se servir du pressoir pour son vin, son cidre et son petit cidre, à la condition de laisser le marc sur le lieu.

— Bonnétable, Montfort.

— Si le sortant n'a pu tirer son vin avant le 1er novembre, il a quinze jours pour le faire avant son successeur; il n'a pas cette faculté pour les cidres et petits cidres.

— Mayet.

— Le sortant au 1er novembre peut se servir du pressoir mais jusqu'à sa sortie seulement.

— Ballon, Beaumont, Brûlon, Conlie, Ecommoy, La Ferté-Bernard, La Flèche, La Suze, Grand-Lucé, Le Lude, Loué, Malicorne, Mamers, Pontvallain, Sablé, Tuffé.

— Le sortant peut se servir du pressoir pour faire son vin, mais seulement lorsque les vendanges sont tardives.

— Château-du-Loir, La Chartre.

— Il n'a pas le droit de s'en servir.

— St-Calais.

— Le sortant ne peut se servir du pressoir qu'aux conditions ci-après :

— De laisser tout le marc. — La Suze, Bouloire.

— Le marc des pommes et poires seulement. — Sablé

— La moitié du marc de pommes, poires ou raisins.

— La Flèche.

PRESTATIONS EN NATURE. — Elles sont, généralement, à la charge du sortant pour toute l'année de sortie.

PUITS. — Construction. — Règles à observer. — Il n'y a pas de distance à observer entre le puits ou le mur voisin, mitoyen ou non.

— Le Mans (les 3 c.).

— Entre deux puits accolés l'un à l'autre, il faut laisser 1 m.; entre un puits et un mur, mitoyen ou non, il faut un contre-mur de 33 c.

— Ballon.

— Entre un puits et un mur mitoyen ou non, il faut un contre-mur de 33 c. d'épaisseur. Entre puits et fosse d'aisances, il faut un contre-mur d'un mètre 33 cent. de bonne maçonnerie.

— Conlie.

— ... Entre puits et mur, un contre-mur de 33 cent.; entre deux puits, ou puits et fosse d'aisance, il faut un mètre de maçonnerie.

— La Suze.

— ... 33 cent. de contre-mur entre mur et puits ; 1 m. entre deux puits; 1ᵐ 1/3 entre puits et fosse d'aisances.

— Montfort.

— Entre puits et mur mitoyen ou non, 1 mètre ; entre puits et fosse d'aisances, 2 m.

— La Flèche.

— ... 33 cent. de contre-mur; si le puits est creusé près d'un autre ou d'une fosse d'aisances, le contre-mur doit avoir 60 cent.

— Le Lude.

— Il faut ne le creuser qu'à 2 m. du voisin.

— Malicorne.

— Près d'un mur appartenant en tout ou partie au voisin, il faut un contre-mur de 33 cent.; entre deux puits, 1 mètre; entre puits et fosse d'aisances, 1 m. 33 c. Cette épaisseur n'est pas nécessaire, si c'est le puits qui a été creusé le dernier.

— Beaumont, Bonnétable, Bouloire, Château-du-Loir, La Chartre, Marolles, Pontvallain, Sablé, St-Calais, St-Paterne.

— Il faut laisser 66 c. entre le lieu où le puits est creusé et le terrain voisin.

— La Ferté-Bernard.

— Il faut 50 cent.

— Grand-Lucé, La Fresnaye, Tuffé.

— ... 33 cent., et il faut élever un mur pour garantir des infiltrations.

— Montmirail.

— Chaîne. — Corde. — Main de fer. — La corde est fournie et entretenue par les fermiers et locataires; ils peuvent l'enlever à leur sortie.

— Ballon, Beaumont, Bonnétable, Bouloire, Brûlon, Château-du-Loir, Conlie, Ecommoy, Frsenay, Grand-Lucé, La Ferté-Bernard, La Flèche, La Chartre, La Fresnaye, La Suze, Le Lude, Le Mans (les 3 c.), Loué, Malicorne, Mamers, Mayet, Montmirail, Montfort, Pontvallain, Sablé, Sillé, St-Paterne, St-Catais, Tuffé, Vibraye.

— Même règle pour la chaîne et la main de fer.

— Ballon, Beaumont, Bonnétable, Bouloire, Brûlon, Château-du-Loir, Ecommoy, Fresnay, Grand-Lucé, La Ferté-Bernard La Flèche, La Chartre, La Fresnaye, La Suze, Le Lude, Mamers, Malicorne, Marolles, Montmirail, St-Paterne, St-Calais, Vibraye.

— La chaîne et la main de fer sont fournies par le propriétaire, mais l'entretien et l'usure sont à la charge du fermier.

— Conlie, Mayet, Montfort, Pontvallain, Sablé, Sillé.

— Si le puits est commun, ces différents objets sont entretenus par les ayants-droit.

— Généralement accepté.

R

RAMONAGE. — *V.* Réparations locatives.

RÉCOLTE (Frais de la). — Partage entre l'entrant et le sortant. — Le sortant au 1er novembre fait à ses frais, l'été suivant, la récolte des grains.

— Grand-Lucé, Le Mans (les 3 c.), Montfort.

— Le sortant, sans distinction de date, fait la récolte des grains ensemencés par lui.

— Ballon, Beaumont, Bonnétable, Bouloire, Brûlon, Conlie, Ecommoy (1), Fresnay, La Chartre, La Ferté-Bernard, Loué (2), Marolles, Pontvallain, St-Calais, Sillé, Tuffé.

— Le sortant au 1er novembre ne faisant pas les semailles d'automne, c'est l'entrant qui en fait la récolte l'été suivant.

Le sortant au 1er mai, qui n'ensemence que les blés d'automne, en fait la récolte en temps convenable.

— La Flèche, La Suze.

— Les frais de la récolte sont partagés par moitié, quelle que soit l'époque de rentrée. Les gerbes sont charroyées par le fermier entrant.

— Le Lude, Mayet.

— Les travaux sont faits par l'entrant et le sortant à frais communs. L'entrant doit charroyer les gerbes.

— Malicorne.

— Le sortant fait les travaux de la récolte, même de celle qui suit la sortie, sauf le transport des gerbes.

— Mamers, Sablé.

— Chaque fermier fait à ses frais la récolte des grains qui lui restent.

— La Fresnaye.

— Le sortant fait à ses frais la récolte qui suit sa sortie; il la transporte à la ferme.

— Montmirail, St-Paterne.

---

(1) Sauf les communes où le fermier n'est pas tenu d'ensemencer avant son départ.

(2) Le charroi des gerbes doit être fait par l'entrant qui fournit ses attelages avec un conducteur.

— Le fermier qui a indûment ensemencé doit la récolte en grains et en paille.

— Grand-Lucé.

— Le sortant au 1er novembre fait la récolte qui suit sa sortie.

— Vibraye.

REGAINS. — Consommation. — Coupe. — Entrant et sortant. — Le sortant au 1er novembre peut, à sa volonté, couper les regains ou les faire pacager.

— Ballon, Bouloire, Conlie, Malicorne, Montmirail.

— Le sortant a la jouissance des regains jusqu'au 1er novembre, mais il doit les faire consommer sur place.

Le sortant au 1er mai peut faire paître les regains jusqu'au 25 décembre qui précède la sortie ; il ne peut les couper.

— Ecommoy.

— Les regains sont réservés à l'entrant au 1er novembre.

— Brûlon, La Suze.

— On ne peut couper les regains que dans l'année où les prés ont été fumés. Les autres années, ils sont consommés sur place.

— Montfort.

— Le sortant au 1er novembre peut les couper ou les faire pacager s'il ensemence les blés ; sinon il n'en prend que la moitié.

— La Flèche. Le Lude (1).

---

(1) S'il ne sème pas, il n'y a aucun droit.

— Le fermier profite de tous les regains, mais sans pouvoir les faire consommer sur place.
— Sablé.

— Le sortant peut faire pacager les regains, mais sans les couper.
— Beaumont (1), Bonnétable, Château-du-Loir, La Ferté-Bernard, Loué, Mamers, Marolles, Mayet, Pontvallain.

— Généralement ils sont consommés sur place, cependant on en autorise la coupe quand les terres ne sont pas propres à fournir des plantes fourragères.
— Tuffé.

— Le fermier peut faire manger les regains en vert ou les couper et les faire sécher. Dans ce dernier cas, s'il en a trouvé à son entrée, il doit en laisser à son successeur.
— St-Calais (2).

— Le sortant peut faire consommer les regains sur pied ou à l'étable ; mais, dans aucun cas, il ne peut les faire sécher.
— La Chartre.

— Les regains doivent être mangés en vert soit dans les prés, soit dans l'écurie.
— Grand-Lucé.

— Le sortant peut les faire pacager, depuis la coupe de la mère herbe jusqu'à sa sortie ; il a aussi la propriété des regains coupés avant cette époque.
— Vibraye.

RÉPARATIONS LOCATIVES (3).

— D'une façon absolue, le fermier doit la répara-

---

(1) Dans ce dernier canton, on les coupe pourtant assez souvent.
(2) Il y a dans quelques communes du canton des usages spéciaux.
(3) V. la loi, t. 1er, p. 22. Les usages suivants complètent la loi, mais ils ne la modifient ni ne la restreignent.

tion de tous les objets mobiliers et immobiliers qui ont été détériorés par l'abus ou l'usage habituel que le fermier en a fait.

Les meuniers et autres usiniers sont tenus des réparations à faire aux paliers tournants, virants et travaillants des moulins.

— Ballon.

— Le fermier ou locataire doit le pavage intérieur et extérieur des fourneaux de cuisine et autres, fournis par le propriétaire ; le scellement des réchauds et leur remplacement quand ils sont cassés ou brûlés ; le récrépiment à toute hauteur de la partie de la cuisine où se met le bois; le ramonage des cheminées ; il doit réparer l'aire et l'ouverture des fours ; les mangeoires des écuries ; les pavés des mangeoires, barreaux des râteliers ; les auges de pierre cassées ou écornées ; les barrières, mains de fer et chaînes des puits ; le piston, la tringle et le balancier des pompes ; les tournants et travaillants de moulins ; les vans et ustensiles apportés par le propriétaire.

Aucune réparation (sauf pour les moulins) n'est à la charge du fermier lorsqu'elle n'est occasionnée que par vétusté.

— Bonnétable (1), Bouloire, Château-du-Loir (5), Conlie, Grand-Lucé, La Chartre, Marolles, Mayet, Pontvallain.

— Le fermier doit le pavage des fours, maisons et appartements. Les pavés usés et même fendus dont les quatre coins tiennent encore sont considérés comme bons. Le récrépiment des murs dans les

______

(1) Au cas de colonie partiaire, le colon supporte seul les frais de réparation de la maison d'habitation ; ies autres sont payés par moitié.

(2) Les réparations aux murs ne sont dues que jusqu'à la hauteur d'un mètre.

étables et écuries est due jusqu'à 1 m. 50 et le nivellement de l'aire de la maison si elle n'est pas pavée.
— La Suze.

— Le fermier doit le nivellement et redressement des cours, issues, aires à battre et aires des greniers.
— Loué.

— Mêmes obligations que ci-dessus ; en outre, il doit faire ramoner au moins deux fois par an les cheminées où l'on fait habituellement du feu.
— Montfort.

— Le fermier doit les réparations de la bouche et du carrelage des fours, l'enduit du pourtour des maisons, l'entretien des crèches, mangeoires et râteliers ; enfin, le nivellement du terrain partout où le sol n'est ni carrelé ni pavé, les blancs de chaux aux murs et planchers.
— Sillé.

— Le fermier doit remplacer les pavés quand ils ne tiennent pas au mortier par les quatre coins.
— La Flèche.

— Le fermier ou locataire doit le rechargement des greniers, l'enduit des étables à 1 mètre de hauteur, le nivellement des cours, granges, écuries et appartements non pavés, le blanchissage à la chaux des planchers et murailles, etc.
— Le Lude.

— Le fermier doit entretenir le pressoir, les auges, râteliers, mangeoires et crèches (la réfection de ces objets est à la charge du propriétaire) ; le biannage et le curage des ruisseaux, etc.
— Sablé.

— Le fermier est tenu de réparer les enduits dans les étables et écuries, jusqu'à la hauteur du bas des râteliers.

— Mamers.

—Le fermier doit réparer l'aire et la bouche du four.

— Beaumont.

— Le fermier doit réparer l'aire des fours (les pieds droits et la voûte sont réparés par le propriétaire), l'aire des planchers si les barreaux sont à découvert et en bon état ; la *place* du rez-de-chaussée ; l'aire de la grange et des étables.

— St-Calais.

— Le fermier doit réparer les pierres à laver et les grilles dont elles peuvent être munies, les bornes qui se trouvent dans les cours ou sous les remises, si elles sont brisées par la maladresse des voituriers.

RETOURS.—Ce mot est employé pour diverses significations. — On a appelé retours les blés ensemencés après d'autres blés, formant la première sole et connus sous le nom de *blés guérets*.

Plus généralement, on a considéré comme retours les menus grains ensemencés sur la seconde sole, après les gros blés. Enfin, dans d'autres cantons, on a désigné sous le nom de retours les plantes printanières (chanvres, potages, pommes de terre, etc., etc.).

— **Entrant et sortant.** — Fumure. — Le sortant au 1ᵉʳ mai a le droit de couper les blés retours par pied ; l'ensemencement des blés retours n'est toléré que dans les terres sablonneuses.

— Le Mans (les 3 c.) (1).

---

(1) Il y a des règles spéciales dans quelques communes du 3ᵉ canton.

— On ne fume pas les retours et les ensemencés de printemps, excepté le chanvre et les citrouilles.
— Ballon.

— Les retours en gros blés ou seigles sont interdits, sauf pour certaines terres marneuses impropres aux céréales de printemps. Les hivernages ne sont pas considérés comme retours, pourvu que les plantes se coupent comme fourrages avant la maturité. Elles ne se fument jamais.
— Conlie.

— Les retours se font en seigle exclusivement, sans fumure.
— La Suze.

— Les retours en gros blés ne sont jamais permis.
— Fresnaye, Loué, Sablé, Sillé (1).

— Ils s'ensemencent généralement en gros blés. On ne les fume jamais.
— Ecommoy.

— Ils se font en seigle, orge ou avoine non fumés.
— Bonnétable, Bouloire, Brûlon, Montfort, Sablé.

— Les retours se font généralement en blé non fumé.
— La Flèche.

— Les retours sont, suivant les communes, en gros blés exclusivement ou en gros blés, orge ou avoine; mais on ne les fume pas.
— Malicorne.

— Le fermier ne peut, la dernière année, fumer les retours aux dépens des autres récoltes.
— Mayet.

---

(1) Il s'en fait exceptionnellement en orge ou en avoine non fumés.

— Le fermier ne peut les fumer en fin de bail. Au cours du bail, au lieu de faire des blés retours d'hiver, il peut ensemencer, au printemps, de l'orge ou de l'avoine, et y semer de la graine de trèfle. L'entrant au 1er mai peut semer des graines fourragères dans les ensemencés en blés retours.

— Pontvallain.

— Les retours en grains ne se fument pas.

— Mamers (1).

— Les retours se font en orge ou en avoine, sur le fumier qui a servi pour les gros blés.

— Beaumont.

— Les retours se font exclusivement en orge ou avoine non fumés.

— Château-du-Loir, La Fresnaye, La Ferté-Bernard, Montmirail, Marolles, St-Paterne, Vibraye.

— Les retours ne se font qu'en menus grains ; ils ne peuvent être fumés avec les engrais du lieu.

— St-Calais.

— Les retours se font en céréales de printemps, et, sauf la dernière année, il est loisible au fermier de les remplacer par des pommes de terre ou toute autre culture.

— La Chartre.

— Les retours en gros blés ne se font que dans les terres sablonneuses, sans fumure. La dernière année, ces retours sont faits par l'entrant qui en fait seul la récolte.

Les fermiers peuvent faire des retours en orge et avoine non fumés.

— Grand-Lucé.

---

(1) Il y a des usages spéciaux dans la majorité des communes.

— Les retours en gros blés ne se font que dans les terres à seigle ou siliceuses, sans engrais ; on fait deux labours : le premier, après l'enlèvement de la récolte ; le second, en septembre : l'ensemencé se fait du 1er au 18 octobre. — Les autres retours se font en orge ou avoine non fumés.

— Tuffé.

RIGOLES. — *V*. Prairies et prés.

RONCES. — *V*. Bois taillable.

ROUISSAGE. — *V*. Chanvre.

ROULEAU. — *V*. Battage de grains.

S

SABOTTÉE. — *V*. Haie.

SAINFOIN.

— Les sainfoins sont assimilés aux foins.

— Ballon, Ecommoy, La Suze, La Ferté-Bernard, Le Lude, Mamers, Malicorne, Pontvallain, Sillé, Vibraye.

— Le sortant au 1er novembre, qui fait les semailles d'automne, peut en faire consommer 50 kil. par 44 ares. On peut employer un huitième des soles pour y mettre du sainfoin permanent. Le sortant doit ramener ces champs à leur assolement ; si le sainfoin est d'un bon rapport, il peut cependant le laisser.

Le fermier d'une terre détachée n'a pas cette faculté.

— Conlie.

— Ensemencement.

— Le fermier peut disposer d'une portion de terre labourable pour y ensemencer un sainfoin permanent, sauf à rétablir l'assolement avant sa sortie.

— Brûlon, Château-du-Loir, Ecommoy, Le Lude, La Ferté-Bernard, Loué, Grand-Lucé, Marolles, Mayet, Pontvallain, Sablé.

— Il ne le peut qu'avec l'agrément du propriétaire.

— Bonnétable, La Chartre, La Fresnaye, La Flèche, La Suze, Mamers, Malicorne, Montmirail, St-Calais, Sillé, Tuffé.

— Il peut, après les sainfoins, faire deux grains sans fumier.

— St-Paterne.

— Dans l'assolement par quart, il peut avoir un assolement en sainfoin.

— Vibraye.

— Le fermier d'une pièce de terre détachée peut la laisser ensemencée en sainfoin.

— Brûlon, Grand-Lucé, La Ferté-Bernard, Malicorne, Sablé, Sillé.

— Il n'a cette faculté qu'autant qu'il l'a trouvée en sainfoin à son entrée.

— Ballon, Bonnétable, Château-du-Loir, Fresnay, La Chartre, La Fresnaye, La Flèche, La Suze, Le Lude, Marolles, Montmirail, Pontvallain, Tuffé.

— Le fermier d'une terre détachée ne peut la laisser ensemencée en sainfoin, s'il l'a trouvée ensemencée en blé.

— St-Calais.

— On ne sème de sainfoin que dans les clos. Il y reste permanent, mais le fermier laisse le clos comme il l'a trouvé en entrant en jouissance.

— Beaumont.

— **Consommation du sortant.**

— Le sortant ne peut faire consommer qu'un tiers des sainfoins secs.
— Grand-Lucé.

— Le sortant peut, avant sa sortie, faire consommer tous les sainfoins.
— Beaumont, Bonnétable, Brûlon, Loué, Marolles, Mayet, Montmirail, Sablé, Tuffé.

— Le sortant qui ensemence, en prend 120 kil. par hectare semé en blé.
— La Flèche.

— Le sortant laisse la moitié du sainfoin, s'il en a trouvé à son entrée.
— St-Calais.

— Le sortant en laisse une quantité égale à celle qu'il a trouvée à son entrée.
— La Chartre.

SALAIRES. — *V.* Domestiques.

SAPINIÈRES. — **Eclaircissement.** — **Emondage.** — **Sapinettes.** — **Barage.**

— On éclaircit les sapins vers la 3e année, en continuant jusqu'à la dixième. L'émondage se fait à partir de 5 ans, jusqu'à la coupe.
Les pauvres ramassent les sapinettes. Les bestiaux y sont conduits après l'éclaircissement.
— Ballon.

— On commence à éclaircir à 5 ans, et ensuite tous les ans. Les sapins s'émondent également tous les ans. Les sapinettes sont considérées comme comme combustibles, et sont au fermier. Les émondes sont au propriétaire. Le pacage n'est permis que dans les sapinières de cinq ans.

— Beaumont.

— Le premier éclaircissement se fait à l'âge de 6 ou 8 ans, et ensuite tous les 2 ou 3 ans. En émondant les sapins, on laisse 4 couronnes et le bouquet jusqu'à 20 ans. Pour les arbres plus âgés, on conserve cinq couronnes. Le pacage n'est permis qu'après le troisième éclaircissement. Les sapinettes sont considérées comme combustibles; les bruyères, comme litières. Les émondes sont au fermier.

— Bouloire (1), Sablé.

— Le premier éclaircissement se fait à 8 ans en hiver. L'émondage se fait à 12 ou 13 ans, en laissant 4 couronnes et le bouquet. L'émonde des sapins appartient au propriétaire.

— Bonnétable.

— L'éclaircissement se fait à 6 ans, ensuite de 3 à 3 ans, jusqu'à ce qu'il y ait *un* mètre entre chaque sapin, laissant la première fois 33 cent., la seconde fois, 66 cent. L'émondage se fait tous les 4 ans à compter de l'âge de 12 ans. (On laisse trois couronnes et le bouquet.) Les sapinettes ou feuilles de sapins sont considérées comme combustibles. L'émonde et les pieds enlevés aux éclaircissements, appartiennent au fermier. Les bestiaux n'y sont introduits qu'après le troisième éclaircissement.

— Conlie.

— Le fermier qui a la jouissance d'une sapinière, émonde par tiers ou par quart, suivant que le bois

---

(1) Les émondes sont au propriétaire.

est de 6 ou 8 ans. Il laisse cinq rangs de branches et le bouquet jusqu'à 25 ans. Après cet âge, il laisse sept rangs et le bouquet. Les sapinettes sont utilisées comme litières ou chauffage ; elles ne peuvent être enlevées à la sortie. Le pacage est permis lorsqu'elles ont 12 ou 15 ans.

— Ecommoy.

— L'âge de l'éclaircissement n'est pas déterminé. En émondant, on laisse trois couronnes et le bouquet. Les bruyères sont considérées comme engrais. L'émonde est au fermier. Le pacage n'est permis que lorsque les sapinières ont 15 ans.

— La Flèche.

— L'éclaircissement est fait par le propriétaire à 5 ou 6 ans. L'émondage est fait par le fermier à 8 ans, il garde les émondes, il laisse à chaque sapin 4 couronnes et le bouquet. Les coupes se font l'hiver, une fois par quatre années. Les feuilles de sapin servent de litière et ne peuvent être vendues. Les bruyères sont considérées comme engrais. Le pacage n'est permis que dans les sapinières de 10 ans.

— Le Lude.

— L'éclaircissement se commence à 6 ou 8 ans, et ensuite de 3 en 3 ans. A 25 ans, il doit se trouver 400 sapins par 44 ares. L'émondage se fait à 18 ou 20 ans, en conservant 4 couronnes et le bouquet, et, pour les sujets plus âgés, 5 couronnes. Les sapinettes sont au fermier, l'émonde au propriétaire. Le pacage n'est permis qu'après le troisième éclaircissement.

— La Suze, Montfort.

— Le premier éclaircissement se fait quand les sapinières ont 6 ou 7 ans. Le pacage n'est permis qu'après 10 ans. Les émondes sont au fermier qui laisse

4 couronne et le bouquet. Les sapinettes sont considérées comme litières.
— Mayet.

— Le premier éclaircissement se fait de 7 à 10 ans, ce qui permet de faire pacager les bestiaux. Les feuilles de sapins et les bruyères sont considérées comme litières. Les émondes sont au fermier. On laisse à chaque arbre 3 couronnes et le bouquet.
— Malicorne (1).

— Premier éclaircissement de 6 à 8 ans, ensuite de deux en deux ans. L'émondage se pratique de 10 à 12 ans et ensuite tous les deux ou trois ans. Les sapinettes sont abandonnées aux malheureux. L'émonde est au propriétaire.
— Marolles.

— Le premier éclaircissement se fait à 6 ans. C'est après la troisième que le pacage est permis. Les émondes sont au propriétaire, les sapinettes au fermier.
— Montmirail.

— L'éclaircissement est fait par le propriétaire, qui en conserve les produits. Le pacage n'est permis qu'après 10 ans. L'émondage se fait de 8 à 30 ans, en laissant 6 couronnes et le bouquet, de 3 en 3 ans, du 1er décembre au 1er mai. Les émondes sont au fermier, sauf la dernière année où elles se partagent entre le sortant et l'entrant au 1er mai, qui doit faire la moitié des travaux.

Le fermier peut faire brûler les sapinettes, excepté la dernière année où il doit les laisser à son successeur.
— Pontvallain.

---

(1) Il y a quelques exceptions à cette règle dans plusieurs communes du canton.

— Premier éclaircissement à 8 ans, après lequel le pacage est permis, ensuite tous les 4 ans. En émondant, on laisse 4 couronnes. Les émondes et les sapinettes sont au fermier.
— Tuffé.

— Premier éclaircissement à 5 ou 6 ans, deuxième à 10 ou 11 ans, troisième à 14 ou 15 ans. L'émondage se fait tous les 5 ou 6 ans. Les émondes se partagent entre le propriétaire et le fermier. Les sapinettes sont abandonnées aux m alheureux. Le pacage est permis après le deuxième éclaircissement.
— Vibraye.

— Premier éclaircissement de 7 à 10 ans, après quoi le pacage est permis. Les émondes sont au fermier.
— Grand-Lucé.

— **Abattage**.

— Les sapinières louées ne peuvent être abattues par le propriétaire au cours d'un bail, sans convention expresse.
— Brûlon, Conlie, La Flèche, Montfort.

— On suit la règle contraire.
— Ecommoy (sauf indemnité. s'il y a lieu), Le Lude, Malicorne, Sablé.

SARCLAGE. — Entrant et sortant. — Époque.

— Le sortant au 1er novembre arrache les mauvaises herbes qui croissent dans les blés au printemps. Il ne peut disposer de ces herbes.
— Le Mans (1er c., 2e c.) (1).

---

(1) Il peut disposer des herbes.

— Le sortant n'est pas tenu de venir arracher les mauvaises herbes dans les céréales qu'il doit partager avec son successeur. Celui qui fait le sarclage a les mauvaises herbes.

— Ballon.

— Le sarclage n'est obligatoire ni pour l'entrant, ni pour le sortant; celui qui le fait a les herbes qui en proviennent. Dans le cas où il a lieu, il se fait dans les blés jusqu'au 15 mai, dans l'orge et l'avoine jnsqu'au 15 juin.

— Conlie.

— L'entrant au 1 novembre a seul le droit de sarcler tous les blés. Le fermier doit arracher à la main, au printemps, les mauvaises herbes qui croissent dans les pommes de terre, maïs, etc....

— Ecommoy.

— Le sarclage des blés est fait par l'entrant au 1er mai ; il en a l'herbe. Le fermier doit, au printemps, arracher les mauvaises herbes qui croissent dans les pommes de terre, maïs, etc...

— La Suze.

— Le sortant au 1er mai ne peut sarcler. Il est passible de dommages-intérêts si les récoltes sont détériorées par de mauvaises herbes ou par défaut de culture.

— Loué.

— Après le 1er mai, l'entrant peut arracher, à la main, les mauvaises herbes dans les gros blés. Au printemps, le fermier doit sarcler les pommes de terre et maïs. Les herbes arrachées doivent servir à la nourriture des bestiaux du lieu.

— Montfort.

— Le sortant, qui doit récolter les grains après sa sortie, est tenu de sarcler au printemps ; il a les mauvaises herbes. Il doit *biner* et *enchausser* plusieurs fois les pommes de terre.

— Sillé.

— Le sortant sarcle, en avril et mai, les céréales qu'il doit partager avec son successeur.

Le fermier doit arracher à la main les herbes qui croissent dans les pommes de terre, maïs et autres plantes.

— La Flèche.

— Le sarclage n'est obligatoire ni pour l'entrant, ni pour le sortant. S'il a lieu, il doit être pratiqué en juin.

— Brûlon.

— Le sortant au 1er novembre sarcle les blés qu'il doit partager avec son successeur. Ce travail doit être fait avant la floraison. Au printemps, le fermier doit arracher les herbes qui poussent dans les pommes de terre, maïs, etc.

Le sortant au 1er mai ne doit pas le sarclage des blés.

— Le Lude, Malicorne (1), Mayet (1).

— L'entré au 1er novembre peut sarcler les blés-guérets ensemencés par le sorti, mais avant la floraison.

— Pontvallain.

— Le fermier doit sarcler les pommes de terre et autres plantes printanières ; il a les mauvaises herbes.

— Grand-Lucé, Pontvallain.

---

(1) Pas d'indication de date pour le sarclage des blés.

— Toutes les récoltes doivent être sarclées : le froment, du 15 mars au 30 mai; le seigle, du 1er avril au 15 mai; les orges et avoines avant le 30 juin.

Les patiences, parelles, fougères, ivraies, chardons et toutes plantes à graines ailées doivent être détruites sur toute la ferme, avant leur floraison.

Le fermier sortant doit sarcler la récolte qu'il partage avec son successeur; il a les mauvaises herbes.

— Sablé.

— Le sarclage n'est jamais obligatoire.

— Mamers.

— Le sortant doit venir arracher les mauvaises herbes dans les céréales qu'il partagera avec son successeur, et ce, au cours des mois de mai, juin et juillet. Les herbes arrachées appartiennent à l'entrant.

— Bonnétable, Ferté-Bernard (1), Marolles (2), Montmirail (3)

— Le sortant doit sarcler les récoltes qu'il partage avec l'entrant, et ce, quand le temps n'est pas trop humide. Les mauvaises herbes restent sur le lieu.

— Beaumont,

— Le sortant, qui a les récoltes de blé et d'orge, doit les sarcler quand bon lui semble. Les mauvaises herbes sont à l'entrant.

— Fresnay.

— Le sortant, soit au 1er mai, soit au 1er novembre, fait le sarclage des blés : pour le seigle, du 1er avril au 1er mai ; pour le gros blé, du 15 mai au 15 juin ; pour les orges et avoines, à volonté.

— Tuffé.

---

(1) Le sarclage doit être terminé le 24 juin.
(2) Il doit faire le sarclage, à la main, au cours de juin.
(3) Il doit faire le sarclage, à la main, au printemps.

— C'est l'entrant qui doit faire le sarclage, à la main, avant la maturité des grains.

— St-Calais.

— Le sarclage des céréales qui se partagent est fait par l'entrant, de fin avril à la récolte ; pour les gros blés, il faut l'autorisation du fermier sortant.

— Bouloire.

— Le sarclage est fait, en mai et en juin, par l'entrant qui a les herbes.

— Château-du-Loir.

— Le sarclage des récoltes qui se partagent est fait par l'entrant, avant la floraison.

— La Chartre.

— L'entrant fait le sarclage dans les gros blés après le 1er mai; le sortant ne peut s'y opposer.

— Grand-Lucé.

— Le sortant doit faire, jusqu'au 24 juin, le sarclage des grains dont la récolte se partage.

— Vibraye.

SEIGLE. — Cette espèce de grains est comprise sous la dénomination de gros blés, gros grains.

V. **Ensemencements** , **Engrais** , **Labours**, **Récolte**, **Battage des grains**, **Partage**, **Semences**, **Retours**, **Prairies artificielles**, **Pailles**, **Chaume**, etc.

SEL — **(Magasin de).** — **Construction.** — *V.* **Matières corrosives.**

SEMENCES. — **Fourniture.** — **Qualité de la semence et quantité à prélever.** — Les grains destinés à la semence sont choisis sur le lieu.

parmi les meilleures et fournies par le fermier qui doit faire l'ensemencement.

— Ballon, Beaumont, Brûlon, Conlie, Château-du-Loir, Ecommoy, Fresnay, Grand-Lucé, La Chartre, La Ferté, Bernard, La Flèche, La Fresnaye, La Suze, Le Lude, Le Mans (les 3 c.), Malicorne, Mamers, Marolles, Mayet, Montfort, Montmirail, Pontvallain, Sablé, St-Calais, St-Paterne, Sillé, Vibraye.

— L'entrant a le droit de contrôler la quantité de semence mise.

— Beaumont, Brûlon, Conlie, Ecommoy, Grand-Lucé, La Suze, La Flèche, Le Lude, La Ferté, La Chartre, Mamers, Marolles, Montfort, Pontvallain, Sablé, Sillé, St-Calais, Vibraye, Tuffé.

— Les grains pour semence sont mesurés ras le fût ; de même, lors du prélèvement.

— Généralement accepté.

— Les grains pour semences se prennent sur le monceau, sans choix, et sont fournis par le fermier chargé de faire l'ensemencement.

— Bonnétable.

— Les grains pour semences doivent être criblés avant le mesurage.

— La Flèche, Sillé.

— Dans la colonie partiaire, les semences sont prélevées sur le monceau commun (1).

— Beaumont, Bonnétable, Château-du-Loir, Conlie, Sillé, St-Calais, St-Paterne.

— Elles sont fournies par le colon exclusivement.

— Ballon.

---

(1) Lorsqu'elles ne sont pas prises sur le monceau commun, elles ont payées par moitié.

— Le sortant au 1ᵉʳ novembre prélève sur la récolte des gros blés de l'été suivant :

2 hect. 25 litres par hectare pour le froment.

1 hect. 70 litres, suivant les communes, ou 2 hect. 25 litres pour le méteil.

1 hect. 70 litres, suivant les communes, ou 1 hect. 12 litres pour le seigle.

— Le sortant au 1ᵉʳ mai prélève les mêmes quantités, avant partage, et de plus :

Pour les orges, 2 hect. 25 litres par hectare, ou 1 hect. 80 litres, suivant les communes.

Pour les avoines, 1 hect. 70 litres par hectare, ou 1 hect. 35 litres, suivant les communes.

— Le Mans (1ᵉʳ c.).

— Le sortant au 1ᵉʳ novembre prélève les semences à raison de 2 hect. 25 litres par hectare de froment, méteil, seigle.

— Le sortant au 1ᵉʳ mai prélève la même quantité pour les blés retours, orges et avoines.

— Ballon, Le Mans (2e c.).

— La quantité de semence prélevée est indéterminée.

— Le Mans (3e c.).

— Le sortant prélève 1 hect. par 44 ares pour toute espèce de grains, après le nettoyage.

— Conlie.

— Le sortant, dans les communes où il fait l'ensemencement, prélève 60 litres par 44 ares, quelle que soit la nature du grain.

— Ecommoy.

— Le sortant de mai, qui fait les semences, prélève 4 doubles décalitres de froment ou de seigle par 44 ares.

— La Suze.

— Le sortant prélève 1 hect., pour toutes semences, par 44 ares.

— Loué, Montmirail, Sillé, St-Paterne.

— Le sortant prélève de 9 à 12 doubles décalitres de froment ; 6 à 8 de seigle ; 8 à 10 de méteil, 7 doubles décalitres d'orge ; 9 doubles décalitres d'avoine par hectare ensemencé.

— Montfort.

— Le fermier. qui a ensemencé, prélève par hectare, 2 hect. de froment, 1 hect. 50 litres de seigle.

— La Flèche.

— On emploie par 44 ares 1 hect. de froment, 80 litres de seigle, 1 hect. de méteil, 90 litres d'orge ou d'avoine.

— Brûlon.

— Le sortant doit prélever de 9 à 11 doubles décalitres par hectare.

— Le Lude.

— Les quantités prélevées varient suivant les communes.

— Malicorne.

— Le sortant prélève, avant partage, 1 hect. 20 litres de seigle, 1 hect. 60 litres de froment, 1 hect. 20 litres d'orge, 1 hect. 40 litres d'avoine, le tout par hectare de terre ensemencé.

— Mayet.

— Le sortant prélève 4 doubles décalitres de froment, 3 doubles décalitres 1/2 de méteil, 3 doubles décalitres de seigle, le tout par 44 ares.

— Pont-vallain.

— La quantité prélevée par hectare est de 2 hect.

pour le froment, le méteil, l'orge et l'avoine ; de 1 hect. 50 litres pour le seigle.

— Sablé.

— Le sortant prélève pour ses semences, par 44 ares, 1 hect. 25 litres de blé, 1 hect. de seigle, 1 hect. d'orge, 75 litres d'avoine.

— Mamers (1), Marolles (2).

— Le sortant prélève par 44 ares d'ensemencé 1 hect. de froment, 80 litres de seigle, 1 hect. de méteil, 90 litres d'orge ou d'avoine.

— Bonnétable.

— Le sortant au 1er novembre prélève, pour chaque hectare ensemencé, 2 hect. 25 litres pour les blés et méteils, 1 hect. 75 litres pour les seigles.

— La Ferté-Bernard.

— Le sortant prélève pour ses semences 1 hect. par 50 ares.

— La Fresnaye.

— Le sortant prélève par 44 ares 1 hect. de froment, 75 litres de méteil, 62 litres de seigle, 80 litres d'orge ou d'avoine, 4 kilog. de graine de trèfle.

— Tuffé.

— On prélève 3 doubles décalitres de gros blé, 2 doubles décalitres 1/2 pour les menus grains, par 44 ares.

— St-Calais.

— Le sortant prélève, par 44 ares, 60 à 70 litres de froment, 40 à 50 litres de seigle et orge, 60 litres de méteil et avoine.

— Bouloire.

---

(1) Quelques communes ont des règles spéciales.
(2) Le prélèvement est également d'un hectolitre pour l'avoine.

— Le prélèvement est de 1 hect. 80 litres par hectare.

— Château-du-Loir.

— Le sortant prélève 4 doubles décalitres par 44 ares et 6 doubles décalitres par 66 ares.

— La Chartre.

— Le prélèvement est de 8 à 10 doubles décalitres de froment et méteil, de 5 à 6 doubles décalitres de seigle et avoine.

— Grand-Lucé.

— Le prélèvement est de 1 hect. 50 litres pour les terres légères et de 2 hect. pour les terres fortes.

— Vibraye.

SORTIE DES FERMIERS OU LOCATAIRES. — Le sortant doit remettre les clefs le jour de la sortie, à midi, ou le lendemain à la même heure, si le bail expire un jour férié.

— Bouloire, Conlie, Montfort.

— Le 2 novembre, à midi, au propriétaire.

— La Chartre, La Ferté-Bernard, Montmirail.

— Le jour de la sortie.

— Bonnétable, Ecommoy, Fresnay, Grand-Lucé, La Fresnaye, Loué, Mamers, Marolles, Mayet, Pontvallain, St-Calais, St-Paterne, Tuffé, Vibraye.

— Le jour de la sortie, à midi.

— Ballon, Brûlon, La Suze.

— Dès leur sortie.

— Sillé.

— Le 2 novembre, au soir, à l'entrant.

— Château-du-Loir.

— Le soir du dernier jour de la jouissance.
— Le Lude.

— Le lendemain de la sortie, à midi.
— Beaumont, Sablé.

SOUCHES. — Sont ainsi nommés les arbres dont la tête a été coupée. Les souches sont formées principalement de chênes, ormeaux, charmes, érables, frênes, saules.

Elles s'appellent aussi truisses, têtards, trognes, troignes, trouesses, émousses.

Ne sont pas considérées comme arbre de haute tige les souches qui n'ont pas plus de 3 m. au-dessus du sol du talus.
— Conlie.

— Les souches sont considérées comme *basse tige*. Le bois qu'elles produisent est du bois taillable.
— Beaumont, Ecommoy, Grand-Lucé, La Fresnaye, Loué, Mayet, Sillé, Tuffé, Vibraye.

— Elles sont considérées comme arbres de haute tige; on les tolère, cependant, à moins de 2 m. de l'héritage voisin.
— Brûlon, Château-du-Loir, Fresnay, La Chartre, La Flèche, Montmirail, Sablé, St-Calais.

— Elles sont considérées comme arbres de haute tige lorsqu'elles s'élèvent à plus de 4 m. du sol.
— Ballon, La Ferté-Bernard, Mamers.

— *Id...* A plus de 3 m.
— Bouloire, Marolles, Montfort.

— *Id...* A plus de 5 m.
— Bonnétable.

— *Id*... A plus de 1 m. 50 cent.
— Pontvallain.

— *Id*... A plus de 2 m.
— Le Lude.

— *Id*... A plus de 3 m. 33 cent.
— La Suze.

— Elles sont tolérées à 1 m. de la ligne séparative des héritages, lorsqu'elles ont 2 m. 66 cent. au plus, sinon il faut une distance de 2 m.

Dans la mesure des souches, on ne doit pas comprendre les branches.
— Malicorne.

— **Emondage.** — *V.* **Bois taillable**.

— Le fermier ou colon a droit à la chevelure de toutes les souches ; il la prend par septième.
— Sablé.

— **Grands brins laissés sur les saules.**

— Le sortant ne peut emporter les grands brins de bois laissés sur les souches.
— Beaumont, Brûlon, Ecommoy, Grand-Lucé, La Ferté-Bernard, La Flèche, La Fresnaye, La Suze, Malicorne, Marolles, Montfort, Pontvallain, St-Paterne.

— On suit la règle contraire.
— Ballon, Bonnétable, Bouloire, Château-du-Loir, Loué, Montmirail, St-Calais.

— Il est défendu au fermier de laisser des brins sur les souches de bois blanc.
— Bonnétable.

— Les fermiers ne doivent laisser aucun brin sur les souches.
— La Chartre, Mamers.

— Le fermier peut laisser des brins de bois sur

les cepées d'aulnes ou de châtaigniers, mais il ne peut les enlever sans être passible de dommages-intérêts.

— Conlie.

T

TACITE RECONDUCTION. — Renouvellement de plein droit d'un bail par le consentement tacite des parties, aux mêmes conditions et pour le même temps que le premier bail verbal. Si l'on veut éviter la tacite reconduction, il est nécessaire, de donner congé (*V. pour plus d'explications, t.* Ier, *p. 244*).

TAILLIS. — *V.* Bois taillis.

TAUPIER. — **Paiement des salaires** (col. part.). — Il est à la charge du colon.

— Ballon, Château-du-Loir.

— Il est payés par moitié.

— Brûlon (1), Conlie, Grand-Lucé, Le Lude, Malicorne, Pontvallain, Sablé (1), Sillé.

TAUPINIÈRES. — **Destruction.** — Les taupinières doivent être détruites dans les champs et jardins.

— Beaumont, Château-du-Loir, Conlie, Fresnay, La Fresnaye, La Suze, Le Lude, Mamers (2), Marolles, Mayet, Montfort, Montmirail, Pontvallain, Sablé, Sillé, St-Paterne.

---

(1) Le paiement se fait en grains pris sur le monceau commun.
(2) Sauf dans les champs en guéret et dans les vieilles pâtures.

— Elles doivent être détruites dans les prés, prairies et jardins seulement.

— Ecommoy, La Ferté-Bernard, La Flèche.

— Elles doivent être rasées dans les prés et pâtures.

— Bonnétable.

— La destruction n'est obligatoire que dans les prés seulement.

— Ballon, Brûlon, La Chartre, Malicorne, St-Calais, Tuffé.

— En l'absence de convention expresse, la destruction des taupinières n'est pas obligatoire.

— Bouloire, Grand-Lucé, Vibraye.

— *V.* Prairies, soins et entretien.

TERRES DÉTACHÉES OU VOLANTES. — Attribution des pailles. — Culture.

— Sont ainsi désignées les terres qui ne dépendent ni d'une ferme, ni d'un bordage, et qui sont louées séparément. Ce nom s'applique aussi à certaines terres, bien que jointes à une habitation, sont trop peuimportantes pour être soumises à l'assolement.

Le fermier ne peut joindre de terres détachées à son exploitation sans le consentement exprès du propriétaire de la ferme.

— Ballon, Bonnétable, Bouloire, Brûlon (1), Château-du-Loir, Ecommoy, Grand-Lucé, La Chartre, La Ferté-Bernard, La Flèche, La Fresnaye, La Suze, Le Lude, Loué, Malicorne, Mamers, Montfort, Montmirail, Pontvallain, Sablé, St-Paterne, Tuffé, Vibraye.

---

(1) Même en cas d'autorisation, il ne peut les fumer avec les engrais du lieu.

— Même prohibition, maiss eulement au cas où les cultures doivent être confondues.
— Marolles, Sillé.

— Le fermier peut joindre à son exploitation des terres détachées.
— Beaumont, Conlie, Fresnay, St-Calais.

— Les pailles des terres détachées appartiennent à la ferme ou au bordage qui a fourni les engrais.
— Ballon, Beaumont, Bonnétable, Bouloire, Brûlon, Château-du-Loir, Conlie, Ecommoy, Frasnay, Grand-Lucé, La Chartre, La Ferté-Bernard, La Fresnaye, La Flèche, La Suze, Le Lude, Malicorne, Mamers, Mayet, Montfort, Montmirail, Pontvallain, Sillé, St-Paterne, Tuffé.

— Les pailles appartiennent à la ferme ou au bordage, dès qu'elles sont entrées dans la cour ou dans les bâtiments du lieu, sans rechercher si les engrais y ont été pris.
— Vibraye.

— Les pailles des terres détachées appartiennent à la ferme ou au bordage qui a fourni les engrais.
— Marolles.

— Toute pièce de terre détachée, s'il n'y a preuve contraire, est présumée avoir été prise sans paille ni engrais.
— Beaumont, Bonnétable, Ballon, Bouloire, Brûlon, Château-du-Loir, Conlie, Ecommoy, Grand-Lucé, La Suze, La Fresnaye, La Ferté-Bernard, La Chartre, Le Lude, La Flèche, Montmirail, Mayet, Malicorne, Montfort, Marolles, Mamers, Pontvallain, Sablé, St-Paterne, Sillé, Tuffé, Vibraye.

— Le sortant doit laisser, à sa sortie, toutes les pailles de blé et d'orge.
— Fresnay.

— Le sortant doit laisser les pailles; il doit en outre y laisser les engrais si le propriétaire l'exige.
— St-Paterne.

— Le fermier doit laisser la paille s'il en a trouvé à son entrée.

— La Chartre.

— S'il a trouvé de la paille et des engrais, il doit en laisser la même quantité.

— Grand-Lucé, Mayet, Tuffé, Vibraye.

— Dans ce cas, le fermier laisse la totalité de ses pailles et de ses engrais.

— Sillé.

— **Assolement.**
— **Les terres détachées ne sont pas assolées.**
— Généralement accepté.

— **Coupe, entretien, fumure.**
— Le fermier est obligé de les fumer pour y ensemencer les gros blés.

Il suit les règles générales pour la coupe des bois et la réparation des haies et fossés.

— Généralement accepté.

— **Contributions.**
— **Les contributions sont à la charge du fermier.**
— Ballon, Mamers, Sablé.

— Dans les autres cantons, il ne les paie pas, sans conventions expresses.

TERRES JECTISSES. — *Contre-mur* — Le voisin qui veut établir une élévation de terres le long d'un mur, mitoyen ou non, est tenu de bâtir un contre-mur dont les dimensions sont fixées ci-après.

Si le mur est mitoyen, 50 cent. d'épaisseur, et d'une hauteur proportionnée à celle des terres.

— La Suze.

— Pour un terrain de 2 mèt. d'hauteur, le contre-mur doit avoir 50 c. d'épaisseur et 1 m. de hauteur.

— Pour un terrain de 3 mètres de hauteur, le contre-mur, à la base, a 80 cent. d'épaisseur et 1 mètre de hauteur.

— La Ferté-Bernard.

— Le contre-mur doit avoir 22 cent. d'épaisseur et être aussi élevé que les terres rapportées.

— Bouloire, Montfort, St-Calais.

— ... Contre-mur de 50 cent. à partir des fondations du premier mur. La hauteur du contre-mur est la même que celle des terres jectisses.

— Tuffé.

— Le contre-mur doit avoir 33 cent. d'épaisseur et avoir la même hauteur que les terres jectisses.

— Bonnétable, Conlie, Ecommoy, La Chartre.

TONNEAUX. — Propriété. — Les tonneaux, qui contiennent les boissons du pays, restent la propriété du vendeur; il vient les enlever lorsqu'ils sont vides.

— Brûlon, Beaumont, Ballon, Bonnétable, Bouloire, Conlie, Ecommoy, Fresnay, Le Mans (les 3 c.), La Suze, La Fresnaye, La Ferté-Bernard, Loué, Montmirail, Malicorne, Marolles, Montfort, Mamers, Pontvallain, Sablé, St-Paterne, Tuffé.

— Les tonneaux, qui ont contenu de la bière, doivent être rendus par l'acheteur et au domicile du vendeur.

— Bouloire, Conlie, Mamers.

— Les tonneaux restent la propriété de l'acheteur.

— Château-du-Loir, Le Lude, Vibraye.

— Les tonneaux de vin sont la propriété de l'acheteur, ceux de cidre, du vendeur.

— Grand-Lucé, La Chartre, Sillé, St-Calais (1).

---

(1) A moins que les tonneaux de cidre ne soient transportés de foin.

— Transport des tonneaux du propriétaire (col. part.). — Le colon est obligé d'aller chercher au domicile du propriétaire les tonneaux destinés à recevoir sa part de cidre ou de vin.

— Malicorne, Pontvallain.

— Cette obligation n'existe que pour les tonneaux à cidre.

— Sablé.

— Les tonneaux doivent être amenés par le propriétaire.

— Grand-Lucé.

TOUR D'ÉCHELLE. — Droit de placer des échelles sur les fonds voisin pour faire les réparations nécessaires au mur de séparation ou aux bâtiments que porte ce mur.

Le tour d'échelle étant une servitude discontinue, ne peut plus être établie que par titre.

Si la servitude du tour d'échelle n'existe pas, le voisin est tenu néanmoins de supporter le passage des ouvriers et des matériaux, mais il lui est dû indemnité.

— Généralement accepté.

— Largeur. — A défaut d'explication dans le titre, elle est *d'un mètre*.

— Bouloire, Brûlon, Beaumont, Bonnétable, Conlie, Château-du-Loir, Ecommoy, Grand-Lucé, La Chartre, La Flèche, La Fresnaye, La Ferté-Bernard, Loué, Montfort, Montmirail, Malicorne, Mayet, Mamers, Marolles, Pontvallain, Sillé, Sablé, St-Calais, St-Paterne, Tuffé, Vibraye.

— Elle est de 1 m. 33. — Ballon, La Suze.

— ... Et du double de la saillie des carreaux.

— Le Lude.

TRÈFLES.—Consommation. Partage entre l'entrant et le sortant. — Pacage.

— Le sortant peut les faire consommer en entier, si cela lui convient, soit en vert, soit en sec. Il n'a pas la faculté de les enlever du lieu.

—Bouloire, Ballon, Bûlon, Château-du-Loir, Conlie, Ecommoy, Le Mans (les 3 c.), La Suze, La Ferté, Loué, La Chartre, Montmirail, Malicorne, Marolles, Mamers, Montfort (1), Pontvallain, Sablé, Tuffé.

— Le sortant doit laisser une partie des trèfles à l'entrant. Le sortant au 1er novembre peut, à la fin de son demi-été et après l'enlèvement des vieux trèfles, faire pacager ses bestiaux jusqu'à sa sortie.

— Sillé.

— Le sortant n'est tenu de laisser de trèfle sec que s'il en a trouvé à son entrée.

— Le Lude.

— Le sortant a, dans les trèfles, une part égale à celle des foins; il doit les consommer sur place sans pouvoir enlever à sa sortie ce qui n'aurait pas été épuisé.

— Vibraye.

— Le fermier peut faire manger en vert tous les trèfles ; s'il les fait sécher, il n'a droit qu'à son tiers qu'il fait consommer sur place.

— Grand-Lucé.

— Le sortant ne peut faire manger les trèfles que jusqu'au 24 juin. L'entrant au 1er novembre a droit à la paille des trèfles.

— La Flèche.

---

(1) Le sortant doit laisser à son successeur les pailles de trèfle dont le grain a mûri.

— Le sortant au 1ᵉʳ novembre a le droit de faire consommer tous les vieux trèfles sur le lieu avant sa sortie.

— Brûlon, Bouloire, Bonnétable, Ballon, Château-du-Loir, Ecommoy Grand-Lucé, La Suze, La Ferté-Bernard, Loué, La Chartre, Le Mans (les 3 c.), Malicorne, Marolle, Pontvallain, Sablé, Vibraye (1).

— Si le sortant n'a pas trouvé de paille ou trèfle à son entrée, il n'est pas tenu d'en laisser à l'entrant.

— St-Calais.

— Le sortant peut faire consommer sur les lieux, jusqu'à sa sortie, tous les trèfles coupés.

— Beaumont, Fresnay, La Fresnaye, St-Paterne.

— Le sortant au 1ᵉʳ novembre peut faire manger les chicots de trèfle avant sa sortie.

— La Ferté-Bernard.

— Les trèfles des terres détachées appartiennent à la ferme ou bordage qui a fourni les engrais et doivent y être amenés.

— Bouloire, Ballon, Conlie, Grand-Lucé, La Suze, La La Flèche, Le Lude, La Chartre, Montmirail, Malicorne, Mayet, Mamers, Pontvallain, Sillé, St-Paterne, Tuffé, Vibraye.

— Les trèfles n'appartiennent pas à la ferme, mais au fermier des terres détachées.

—Brûlon, Beaumont, Bonnétable, Château-du-Loir, Fresnay, La Ferté-Bernard, La Fresnaye, Marolles, Montfort, St-Calais.

— Le trèfle, ensemencé sur une terre volante, appartient à celui qui jouit de la terre au moment de la coupe.

— Ecommoy.

---

(1) Quand les terres sont soumises à l'assolement.

TREMPAGE. — Il est d'usage de tremper la soupe aux ouvriers en bois (charpentiers, scieurs de long, etc.), à moins que celui pour lequel ils travaillent préfère leur abandonner les copeaux.

— Conlie, Montfort.

— Le trempage n'est pas dû aux ouvriers, mais ils ont les copeaux.

— Brûlon, Ecommoy, Malicorne.

— Les marchands de bois seulement, qui ne nourrissent pas leurs ouvriers, leur abandonnent, en dehors du prix convenu, les copeaux, coquilles, pointes et ramelles.

— Ballon.

U

USUFRUITIER. — **Bois**. — L'usufruitier doit se conformer au mode d'aménagement suivi.

— Généralement accepté.

— **Pépinière**. — L'usufruitier remplace par de nouveaux plants les arbres qu'il a pris.

— Bonnétable, La Suze, La Ferté-Bernard, Malicorne, Mamers, Vibraye.

— Il renouvelle la pépinière en faisant de nouveaux semis.

— Ecommoy, La Flèche, La Fresnaye.

— Il la remplace indifféremment par des plantations ou par des semis qu'il fait dans un autre endroit.

— Conlie.

— Les arbres enlevés chaque année d'une pépinière ne se remplacent pas ; seulement l'usufruitier est tenu lorsque la pépinière est épuisée, d'en replanter une autre.

— Sillé.

— L'usufruitier peut établir la nouvelle pépinière, destinée à remplacer la première sur le terrain où était celle-ci.

— Beaumont, Bonnétable, Ecommoy, Grand-Lucé, La Flèche, La Fresnaye, La Suze, Malicorne, Mamers, Tuffé, Vibraye.

— L'usufruitier fait établir la pépinière sur le même terrain s'il n'y en a pas d'autre qui soit convenable. Il n'est tenu au remplacement que lorsqu'il tire un bénéfice en vendant les sujets de la pépinière.

— Ballon, La Ferté-Bernard.

— L'usufruitier doit remplacer la pépinière par une autre de même étendue et de même nature d'arbres, mais, autant que possible, dans un terrain propice.

— Le Lude.

— Si les arbres ont été plantés dans le terrain dont jouit l'usufruitier, il n'est pas tenu de les remplacer.

— Grand-Lucé.

— L'usufruitier ne peut tirer les arbres d'une pépinière que pour les planter sur le lieu même ; ou bien, lorsqu'il y a nécessité d'éclaircir cette pépinière, il n'est pas tenu au remplacement.

— St-Calais.

V

VAINE PATURE. — Droit que les habitants d'une même commune ont de mener paître leurs bestiaux sur leurs propriétés indistinctement. Ce droit ne se confond pas avec le droit de pacage sur les prairies non closes.

Le droit de vaine pâture n'existe pas dans les cantons suivants :

— Ballon, Beaumont, Brûlon, Bonnétable, Bouloire, Château-du-Loir, Ecommoy, Fresnay, Grand-Lucé, La Ferté-Bernard, La Flèche, La Fresnaye, La Suze, Le Lude, Le Mans (les 3 c.), Loué, Malicorne, Marolles, Mayet, Montfort, Montmirail, Pontvallain, St-Calais, St-Paterne, Sablé, Sillé, Tuffé, Vibraye.

— Ce droit existe dans deux communes du canton de Conlie (Tesnier et Bernay), dans une commune du canton de Mamers (Mées), dans une commune du canton de La Chartre (La Chartre).

VEAUX. — *V. Colonie partiaire.*

VENTE DE DENRÉES. — Quantité donnée en sus du nombre exprimé.

— **Bois de chauffage.**

— 5 pour cent pour les bourrées, fagots et pommes de sapin.

— Le Mans (les 3 c.), Montfort.

— 5 pour cent pour les bourrées et les fagots.

— Bonnétable, Conlie, La Ferté-Bernard, Marolles, Tuffé, Vibraye.

— 26 pour 25, fagots et bourrées (soit 4 0/0).

— Beaumont (1), La Flèche, La Fresnaye, Sablé.

— 21 fagots ou bourrées pour 20. On ne donne rien en sus pour les autres denrées.

— Bouloire.

— **Fourrages et Chanvre.**

— 4 pour cent, pour les foins et pailles, 8 pour cent pour la graine de trèfle.

— St-Paterne.

---

(1) Sauf communes de Segrée et de Chérancé.

— 4 pour cent pour les foins et pailles.
— La Fresnaye.

— Pour la graine de trèfle, 4 kil. sur 50 kilog.; 500 grammes pour 10 kil. de fil ; pour les chanvres on ne donne pas d'excédent.
— La Ferté-Bernard.

— Lorsque la vente se fait au 100 ou au 1,000, on ajoute un 25e en sus, de même lorsqu'elle a lieu a tant les 50 kil.
— St-Calais.

— 8 kil. pour 100, pour la graine de trèfle ; ponr les autres denrées, la quantité varie de 4 à 8 pour 100.
— Le Lude.

— 8 kil. pour 100, pour la graine de trèfle.
— Marolles.

— D'une façon générale, on donne 4 0/0 en sus du nombre convenu.
— Ballon.

— 5 0/0 pour les pailles, foins et fourrages. Si l'on vend au kil. où à la charretée, on ne donne rien en sus.
— Vibraye.

— Pour les choux à planter, on donne 125 pour cent.
— Tuffé.

Denrées qui se goûtent avant l'achat.

— Les boissons et l'huile à manger.
— Conlie, Mayet.

— Les boissons, le beurre et le fromage.

— Ballon, La Fresnaye, Montmirail, Tuffé.

— Les boissons, le vinaigre, les huiles à manger, le beurre, le fromage, le sucre, le miel, le saindoux.

— Bonnétable, Le Lude, La Suze.

— Les boissons seulement.

— Ecommoy, Grand-Lucé, La Chartre, La Ferté-Bernard, La Flèche, St-Paterne.

— Le vin et le cidre seulement.

— Beaumont, Bouloire, Brûlon, Château-du-Loir.

— Toutes les boissons vendues en gros.

— Pontvallain.

— Les fruits.

— Montmirail, Tuffé.

— Le vin, le cidre et l'huile et non la bière et le vinaigre.

— Sablé

— Le beurre et le fromage.

— Fresnay.

— Toutes les boissons, le beurre, le fromage, le miel.

— Marolles.

— Le vin, le cidre, le vinaigre et l'huile.

— St-Calais, Vibraye.

— Toute espèce de liqueur.

— Vibraye.

VENTE EN FOIRE. — Corde. — Joug. — Licol.

— La corde dont on se sert pour conduire les bestiaux aux foires est comprise dans la vente.

—Ballon, Bonnétable, Bouloire, Brûlon, Château-du-Loir, Conlie, Ecommoy, Fresnay, Grand-Lucé, La Fresnaye, La Ferté-Bernard, La Chartre, La Flèche, La Suze, Loué , Le Lude, Mamers, Malicorne, Marolles, Montmirail,Ponvallain, Sablé, St-Paterne, Tuffé, Vibray.

— Le licol que l'animal portait lors de la vente doit lui être laissé.

— Sillé.

— On ne doit à l'acheteur qu'une corde capable de conduire l'animal vendu.

— Beaumont.

—. On laisse la corde qui a servi aux vaches ou aux génisses, mais non aux veaux et autres animaux.

— St-Calais.

— Pour les porcs on laisse à l'acheteur la corde qui sert à les tenir.

— Ballon, Bouloiré, Grand-Lucé, Malicorne, St-Paterne.

— Le vendeur n'est pas tenu de la laisser.

— Beaumont , Bonnétable, Brûlon , Conlie, Château-du-Loir, Ecommoy, Fresnay, La Chartre, La Ferté-Bernard, La Fresnaye, La Flèche, Loué, La Suze, Le Lude, Mamers, Ma_rolles, Montmirail , Pontvallain , Sablé, Sillé , St-Calais Tuffé Vibraye.

— Pour les chevaux, ânes et mulets, le vendeur doit le licol à l'acheteur.

— Beaumont, Bonnétable, Brûlon , Bouloire, Château-du-Loir, Ecommoy, Grand-Lucé, La Chartre, La Ferté-Bernard, La Fresnaye, La Suze, Loué, Mamers, Marolles, Montmirail, Malicorne, Pontvallain, Sablé, St-Calais, St-Paterne, Tuffé, Vibraye.

— Le vendeur doit le licol que portait l'animal, que la vente ait lieu dans un marché ou non.

— Sillé.

— Le vendeur doit le licol ou payer 1 fr.

— Fresnay.

— ... Ou payer 75 cent.

— Le Lude.

— Le vendeur n'est pas obligé de fournir un licol.

— Ballon.

— Le joug des bœufs et les courroies qui servent à l'attacher, restent au vendeur.

— Ballon, Beaumont, Bouloire, Bonnétable, Brûlon, Conlie, Château-du-Loir, Ecommoy, Fresnay, Grand-Lucé, Loué, La Chartre, La Ferté-Bernard, La Flèche, La Fresnaye, La Suze, Le Lude, Mamers, Marolles, Montmirail, Malicorne, Pontvallain, Sablé, Sillé, St-Paterne, St-Calais, Tuffé.

— Si les bœufs sont achetés pour être utilisés au labour, le joug reste à l'acheteur.

— Vibraye.

— **Essayage**. — On essaie les chevaux, ânes et mulets; l'acheteur n'est engagé qu'après avoir essayé l'animal. Jusque là, il peut en débattre le prix.

— Ballon, Bonnétable, Château-du-Loir, La Flèche, La Ferté-Bernard, La Suze, La Chartre, Le Lude, Le Grand-Lucé, Pontvallain, Sillé.

— L'essai se fait ordinairement avant l'achat; mais il n'est pas obligatoire et l'acheteur est lié dès que le prix a été arrêté.

— Beaumont, Brûlon, La Fresnaye, Le Mans (les 3 c.), Mamers, Malicorne, Montmirail, St-Calais, Vibraye.

— L'essai n'a lieu qu'autant que l'acheteur en a fait la réserve expresse; la vente est parfaite dès que les parties sont d'accord sur le prix.

— Bouloire, Conlie, Fresnay, Marolles, Sablé, St-Paterne, Tuffé.

— L'essai ne peut plus avoir lieu après le paiement du prix, ni même après la livraison.

— Château-du-Loir, Pontvallain.

VENTES MOBILIÈRES. — Salaires du crieur dans les ventes aux enchères.

— La règle générale est que l'acheteur ne doit supporter aucun frais, sauf si le contraire a été déclaré lors de la vente ou affiché dans le local où elle a lieu.

A cette règle il y a plusieurs exceptions.

Le pourboire dû au crieur est de 5 0/0 du prix, 4 fr. par paire de bœufs, 2 fr. par chacun des autres gros bestiaux, 1 fr. par mouton.

— Sablé.

— Il est dû 5 cent. par franc jusqu'à 20. fr.

— Malicorne.

— Il est dû 5 cent. par franc.

— Bonnétable.

— Si le crieur n'est pas payé à la journée, il lui est dû 5 cent par fr. jusqu'à 5 fr.; au-dessus le salaire n'est pas déterminé.

— Fresnaye, Pontvallain.

— Il est dû 1 fr. pour 100 fr.

— Fresnaye.

— Le pourboire varie de 2 à 5 pour cent.
— Conlie.

— Il est dû 5 cent. par article adjugé.
— St-Calais.

— Il est dû 5 cent. par article au-dessous d'un franc, et 10 cent. par adjudication au-dessus de 1 fr.
— Vibraye.

— Il est dû 5 cent. jusqu'à 3 fr.; 10 cent. jusqu'à 5 fr.; 15 cent. jusqu'à 10 fr.; et 5 cent. en sus par dix francs en plus.
— La Chartre.

— Il est dû 5 cent. jusqu'à 3 fr.; 10 cent. au-dessus de 3 fr.; 50 cent. sur certains articles; 75 c. par bestiaux.
— Bouloire.

— Il est dû 5 cent. jusqu'à 1 fr.; 10 cent. jusqu'à 2 fr.; 15 cent. jusqu'à 4 fr.; 25 cent. de 4 à 10 fr.; au-dessus, 50 cent. Pour la vente des vaches, 1 fr. 50 cent. par tête; pour celle d'un cheval, 4 fr.; d'une paire de bœufs, 3 fr.
— Tuffé.

— Le pourboire est proportionné à la valeur de l'objet vendu; au minimum 5 cent., au maximum 5 f.
— Montfort.

— Il n'est dû de pourboire que pour les meubles fermant à clef; il varie de 25 à 75 cent.
— Ballon.

— *Id*... Le pourboire varie entre 5 cent. et 1 fr. 50 cent.
— Sillé.

**Commission due aux marchands reven-
deurs**. — Les revendeurs, qui achètent pour autrui,
ont droit à une commission fixée, à défaut de convention entre les parties :

A 10 cent. par franc.
— Bonnétable, Bouloire, La Ferté-Bernard, Grand-
Lucé, Mamers, Montfort, Tuffé.

— A 5 cent. par franc.
— La Fresnaye.

— De 5 à 10 cent. par franc.
— Marolles.

VÉTÉRINAIRE.— **Salaires** (col. part.).—Ils
sont payés par moitié ou bien ils se prélèvent sur le
monceau commun, avant le partage.
— Brûlon (1), Château-du-Loir, Conlie, Grand-Lucé, Le
Lude, Malicorne, Pontvallain, Sablé, Sillé.

— Ils sont à la charge du fermier seul.
— Ballon.

VIGNE.— L'entrant doit faire les travaux de la
vigne.— Au cours du bail, les fermiers doivent tailler
la vigne de février fin avril, à court bois, à trois boutons, dont un stérile.
Le premier béchage se pratique de décembre à
en mai.— Le rabattage des mottes en juin.
On fait 300 fosses de provins par hectare, à 25 cent.
de profondeur.
Les échalas, gaulettes et les pieux-pichons des
oseilles, sont fournis par le fermier.
Les droits de passage s'exercent à somme et à

---

(1) Le repas que le vétérinaire et le hongreur prennent à chaque
visite est à la charge exclusive du fermier.

pied. — Les raizes ou rigoles sont curées en décembre et janvier. Les fermiers ne peuvent faire de
plants sans le consentement du propriétaire, ils doivent mettre du terreau : ils ne sont pas obligés de
faire le vin sur la ferme.

— Château-du-Loir.

— Le sortant n'est tenu qu'à fournir les gaulettes
pour les vignes ou treilles. Les travaux à faire, avant
le 1er mai, sont à charge de l'entrant à cette date.

Les fermiers taillent en mai, bêchent en mars ou
avril, étendent les mottes en juillet et août. La taille
se fait comme ci-dessus. Le nombre des provins est
indéterminé. La profondeur de la fosse est de 33 c.
La fumure n'est pas obligatoire pour la vigne. Elle
l'est pour les provins. Il est interdit de faire des plants.
Les rèzes et rigoles sont curées lors du béchage. Le
fermier dispose de la vendange.

— Ecommoy.

— Le fermier qui récolte est chargé des travaux.
Le labourage au pic se fait en mai ou juin, l'émot-
tage, fin juin. La taille, comme ci-dessus, se fait en
mars. Le fermier qui récolte fournit les gaulettes,
les échalas et les pieux-pichons. Le nombre des provins est de 150 par hectare : ils sont seuls fumés.
Les rèzes ou rigoles sont nettoyées au béchage. Le
fermier est maître de la récolte.

— Le Lude.

— Les travaux des vignes s'exécutent à la serpe
et au broc, du mois de février au 1er juillet.

La vigne doit être taillée sur un seul brin, comme
ci-dessus. Le nombre des provins est de 500 à 600
par hectare, à 33 cent. de profondeur (2 à 4 brins
par fosse); ils sont seuls fumés à raison de 1 m. cube

fosses. Pour les rèzes et rigoles, le plant, l'exercice des droits de passage, mêmes règles qu'à Château-du-Loir (p. 266). Le fermier est obligé de faire son vin dans la ferme.

— La Chartre.

— C'est l'entrant au 1er mai qui fait les travaux. La taille, comme ci-dessus, … avant le 25 mars, le béchage au 25 avril et le rabattage des mottes, au 25 juin. On fait 25 fosses de provins par 16 ares 50 c. Ils sont fumés à raison de 1 double décalitre de terrier par fosses. Les échalas, gaulettes, pieux-pichons sont fournis par le fermier. Pour les rèzes et rigoles, les droits de passage, les plants et la fabrication des vins, même usage qu'à Château-du-Loir.

— La Flèche.

— Les travaux sont à la charge du fermier qui récolte. Le 1er labour, au broc, se fait du 20 novembre au 30 mars, le 2e à la traverse, du 25 mai au 24 juin. La taille doit être terminée le 25 avril; on ne peut laisser plus de 3 boutons à l'anneau et plus d'une tête à chaque souche.

Le dépouillage (suppression des jets qui ne sont pas de l'année) doit être terminé lors du 2e labour. Le curage des rèzes ou rigoles se pratique avant le 1er janvier. On fait une fosse de provins (fumée) par are. Chaque fosse contient 3 à 4 plants, et mesure 50 cent. de largeur, sur 30 cent. de profondeur. Pour les plants, prix et fabrication du vin, mêmes usages qu'à Château-du-Loir.

— Sablé.

— Le fermier fait le béchage en avril et le rabattage des mottes au 24 juin. Il taille, comme à Château-du-Loir, du 1er février au 30 mars. Il fume les provins qui doivent être au nombre de 150 fosses par hectare, à 2 ou 3 brins par chaque. Les autres usages sont ceux de Château-du-Loir.

— Malicorne.

— Les vignes se cultivent en ceps, en échalas ou en treilles. C'est l'entrant au 1er mai qui taille au cours du mois de mars, à la façon de Château-du-Loir, bêche en avril ou mai et rabat les mottes dans les premiers jours de juillet. Les échalas, pieux et pichons sont fournis par le propriétaire; le fermier fournis les gaulettes. On fait 150 provins fumés par hectare. Les autres usages sont ceux de Château-du-Loir.

— Pontvallain.

— Le fermier est tenu de toutes les façons. Il taille en février, si le temps le permet; il bêche au printemps, avant la poussée de la vigne; il plante les échalas en mai, y rattache les branches en mai ou juin; il ébourgeonne aussi souvent que besoin et entretient les gaulettes, échalas, pieux et pichons des treilles, s'il en a trouvé à son entrée.

La taille se fait avec la serpe comme à Château-du-Loir. Rien n'est déterminé quant au nombre de provins; il n'y a pas de rigole dans les vignes. Les autres usages sont conformes à ceux de Château-du-Loir.

— St-Calais.

— Les vignes se bêchent au broc en février, en mars et en juin. La taille se pratique en février; on laisse deux boutons. Les échalas, gaulettes et pieux-pichons sont fournis par le propriétaire.

La quantité de provins est indéterminée; ils sont fumés seuls. Pour les autres usages, on suit ceux de Château-du-Loir.

— Grand-Lncé.

— L'entrant au 1er novembre fait les travaux de la vigne : il bêche en février et rabat les mottes en juin. La taille se pratique en mars, en laissant deux boutons et le bouton stérile. On fait de 5 à 600 fosses de provins par hectare (profondeur, 35 à 36 centim. et 3 ou 4 brins par fosse) ; ils sont fumés. Le curage des rèzes et rigoles a lieu en février.. Il est interdit d'élever du plant sans le consentement du propriétaire.

— La Suze.

— Les fermiers doivent tailler les vignes, les bêcher, étendre les mottes, provigner, fumer les provins. Les droits de passage s'exercent par des sentiers à pied.

— Mayet.

— Le fermier doit, avant son entrée, faire tous les travaux de la récolte dont il doit profiter ; on ne se sert ni de gaulettes, ni d'échalas, ni de pieux-pichons. La vigne est taillée en mars, béchée en mai et en juin ou juillet, les mottes sont étendues au second béchage ; la taille se fait, au plus, à trois boutons quand la souche est vigoureuse. Il faut 120 fosses de provins par hectare (25 cent. de profondeur et 2 à 3 brins par chacune). La largeur du passage commun est d'un mètre, et les bêtes de charge n'y pénètrent que l'hiver. Le curage des rigoles se fait de la fin des vendanges au 1er février ; le fermier peut, sans autorisation, élever des plants, mais non pour les transporter ailleurs ; il dispose de sa récolte à son gré.

— Conlie.

— Les vignes sont béchées, chaque année, au printemps, jusqu'à une hauteur de 1 m. 50 à 2 m., à partir du fond de la rèze ; les rèzes se font en même temps. Quelque temps après, on fait le béchage *au croc*. La taille et le provignage se font en avril ; la quantité des provins est de 100 par 15 ares. Le passage s'exerce avec des hottes ou des bauges portées par deux hommes. Les vignes sont en planches, il n'y a pas de gaulettes, d'échalas ni de pieux-pichons.

— Beaumont.

— En général, les fermiers et locataires sont tenus de tailler les cordons de vignes des treilles et tonnelles.

VISITE ET MONTRÉE. — Etat de lieu dressé au commencement de la jouissance des locataires ou des fermiers, pour constater les dégradations qui peuvent exister.

— **Personnes entre lesquelles intervient la visite. — Délai après la sortie.** — La visite et montrée sont faites par expert choisis ou désignés d'office, en présence du propriétaire ou locataire sortant et du locataire entrant. Chaque partie supporte la moitié des frais, sauf les exceptions ci-après.

— Généralement accepté.

— Cet état de lieu se fait dans les six mois qui suivent la sortie.

— Ballon, Marolles.

— ... Il doit être arrêté dans le cours de l'année de sortie.

— Conlie.

— La visite doit être faite dans les 40 jours qui suivent la sortie : si elle se fait après cette époque, c'est à l'entrant à prouver que les malversations ont été commises par le sortant.

— Écommoy.

— Elle est faites dans le délai d'un mois après la sortie, si l'un des locataires l'exige.

— La Suze.

— ... Dans le délai de six mois ; pour les récoltes, en cas de contestation, l'expertise se fait au mois de juin.

— Loué.

— ... Dans le délai d'un an, à la réquisition de l'une ou de l'autre des parties.

— Beaumont, La Fresnaye, Le Mans (les 3 c.), Malicorne, Mayet, Pontvallain, Tuffé.

— Après la sortie, on fait la visite des bâtiments, haies et clôtures ; après le 24 juin, celle des ensemencés. Le sortant peut invoquer la prescription *après un an.*

— Montfort.

— Au plus tard, dans les trois mois qui suivent la sortie du fermier.

— Bouloire (1), Château-du-Loir (2), La Chartre, Montmirail, St-Calais, Sillé.

— ... Dans le délai d'un an, à la réquisition du propriétaire ou de l'un ou de l'autre des fermiers.

— La Flèche.

— On fait généralement deux visites Lla seconde a lieu pour les blés du 24 juin au 15 juillet. La prescription n'est acquise qu'après un an.

— Brûlon.

---

(1) L'entrant peut faire faire au 24 juin une nouvelle visite.
(2) Les frais sont payés par moitié, sauf le cas où le sortant les a seul payés à son entrée. L'entrant les supporte à son tonr.

— La visite est faite à frais communs, sauf le cas de dommages, où elle incombe au fermier qui les a causés. Si le propriétaire l'a seul requise et qu'il n'y ait pas de dommage, elle se fait à frais communs ; elle a lieu dans l'année : passé ce délai, il y a prescription.

— Le Lude.

— Une première visite est faite à la sortie du fermier, une seconde peut être exigée par l'entrant, jusqu'au 24 juin, pour constater l'état des récoltes. Si le sortant a commis des fautes, il en supporte les frais ; sinon, ils sont à la charge de l'entrant. Le fermier peut être tenu de dommages-intérêts pour toute la durée du bail, et, au cas de tacite reconduction, pour les années de la dernière période seulement. Au cas de jouissance verbale, pour neuf ans.

— Sablé.

— La visite se fait dans le délai de six mois pour les bâtiments et jardins, et dans le délai d'un an pour les lieux composés, à la réquisition de l'une ou de l'autre des parties.

— Mamers

— La première visite se fait dans le délai de six mois ; une seconde est faite après le 24 juin : toutes les deux sont à frais communs entre les fermiers.

— Bonnétable.

— Une première visite est faite dans les trois mois, une seconde est faite au 24 juin, — à frais communs. Le règlement doit être intervenu dans l'année : le sortant peut invoquer la prescription après un an et un jour.

— La Ferté-Bernard.

— La visite peut être exigée de suite. Elle est aux frais des fermiers entrant et sortant et du propriétaire, s'il n'y a pas contestation ; sinon, à ceux de la partie qui succombe.

— St-Paterne.

— Elle se fait dans le délai de 40 jours.

— Grand-Lucé.

— **Visites au cours du bail**. — Elles sont faites à la réquisition du propriétaire et à la charge de la partie qui succombe.

— Ballon, Bonnétable, Beaumont, Bouloire, Fresnay, Grand-Lucé, La Flèche, La Ferté-Beruard, La Fresnaye, La Suze, Le Lude, Loué, Malicorne, Mayet, Montfort, Montmirail, Pontvallain, Sablé, St-Paterne, St-Calais, Sillé, Tuffé, Vibraye.

— Elles sont à la charge du propriétaire seul.

— Conlie, Château-du-Loir, Ecommoy, La Chartre, Mamers, Marolles.

— S'il y a entente entre le fermier et le propriétaire sur le choix de l'expert, les frais sont supportés par le fermier au cas de malversations importantes ; sinon, le propriétaire supporte les frais.

— Brûlon.

VOITURES. — **Essayage**. — Les voitures s'essaient avant l'achat.

— Bonnétable, Ecommoy, La Suze, La Flèche, Le Lude, Montfort, Montmirail.

— Cet usage n'existe que pour les voitures destinées au transport des personnes.

— La Ferté-Bernard, Tuffé, Vibraye.

— **Retour à la remise**. — Le locataire d'une voiture doit la rendre aux heures ci-après, sinon il paie un supplément.

— A minuit.

— La Chartre, Le Lude, Grand-Lucé, Mamers, Mont
mirail, Pontvallain, St-Calais, Sillé.

— Avant onze heures du soir.

— Ballon.

— Avant dix heures du soir pour une voiture ;
au coucher du soleil, si c'est une charrette ou voiture
de campagne.

— Mayet, Vibraye.

— A dix heures, sous peine de payer la journée
du lendemain.

— Conlie, Fresnay.

VOLAILLES. — Propriété (col. part.). —
Elles sont comprises dans le partage.

— Bonnétable, Le Lude, Pontvallain, Sablé.

— Elles sont attribuées en totalité au fermier.

— Ballon, Conlie, Château-du-Loir, Grand-Lucé, La
Chartre, La Flèche, Malicorne, St-Calais.

— Les *oies* sont seules partagées ; les autres
volailles sont attribuées au fermier.

— Brûlon, Sillé.

APPENDICE [1]

ASSOLEMENTS (*V.* t. Ier, p. 10, pour défini- tions et explications).

— **Règles générales,** *applicables daus les lieux composés (toutes exploitations rurales autres que les terres volantes.)*

— 1º Les fermiers ne peuvent changer l'ordre des *soles, saisons* ou *colaisons,* sous peine de dommages-intérêts réglés ordinairement par expert. — 2º Ils doivent rendre les lieux dans l'état où ils les ont pris (*V.* **Visite et montrée**). — 3º Il leur est formellement interdit d'ensemencer plus de deux céréales sur le même engrais ; ils sont obligés d'ailleurs d'alterner les cultures (*V.* **Chanvres,** pour exceptions).

— Généralement accepté.

---

(1) Nous n'avons pas donné à son rang alphabétique l'article des Assolements, parce que, lorsqu'il s'est présenté, nous ignorions encore s'il était utile de le traiter avec grands détails. Pendant que les articles suivants venaient successivement sous presse, nous avons recueilli sur les assolements des informations qui nous décident á n'en parler que le moins possible. En effet, aujourd'hui, il n'y a pas à leur égard d'*usages* constants ; ils changent tous les jours suivant les progrès de l'Agriculture, et ils varient avec les propriétaires qui savent qu'en matière de culture les innovations sages doivent être encouragées. Des hommes compétents nous conseillent de ne pas leur imposer des barrières fâcheuses par une constatation écrite et publiée de la coutume actuelle. D'ailleurs, les assolements relevés par les commissions cantonales sont les seules officiellement reconnues et, néanmoins, maintenant, dans la pratique, ils ne font plus loi. Aussi, nous ne les mentionnons que très-sommairement.

— L'assolement est **triennal**.
— La Chartre, La Flèche, Mayet, Montfort.

— ... **Triennal** ou **quadriennal**, au choix du fermier.
— Ballon, Beaumont, Brûlon, Fresnaye, Mamers, Sablé, St-Paterne.

— ... **Triennal** dans les petites exploitations, et **quadriennal** dans les grandes.
— Bonnétable, Bouloire, Château-du-Loir, La Ferté-Bernard, Marolles, Tuffé.

— ... **Triennal** pour les baux de 3, 6 ou 9 ans, et **quadriennal** pour ceux de 4, 8 ou 12 ans.
— La Fresnaye.

— ... **Triennal** dans les fermes et bordages depuis 3 hectares jusqu'à 1 hectare (au-dessous pas d'assolement), et **quadriennal** dans celles de plus de 3 hectares.
— Le Mans (1er et 2e c.).

— ... *Id*... Mais 3 hect. 1/2 au lieu de 3.
— Le Mans (3e c.).

— ... **Quadriennal**.
— Conlie, Grand-Lucé, La Suze, Le Lude, Loué, Malicorne, Montmirail, St-Calais, Sillé-le-Guillaume, Vibraye.

FIN DES USAGES

DU DÉPARTEMENT DE LA SARTHE.

TABLE ANALYTIQUE

DES

MATIÈRES CONTENUES DANS LA SECONDE PARTIE.

SARTHE (1).

(1) V. pour les *Définitions* et les *Textes de loi*, les articles de Maine-et-Loire et Mayenne.

V. pour les *Abréviations*, le tableau de la 1re partie.

Si l'on rapproche nos deux tables, on remarquera, dans l'ordre et la distribution des matières, de nombreuses dissemblances qui proviennent des méthodes différentes suivies pour chaque Dictionnaire. M. Trébous a compris autrement que nous le classement d'un grand nombre de détails ; ses articles, bien que remaniés, sont encore moins découpés et subdivisés que les nôtres. Nous n'avons pas voulu ne point tenir compte du travail du *Secrétaire Général des commissions cantonales de la Sarthe*, et nous nous sommes bornés à rendre moins touffus ses exposés synoptiques, à réduire l'épaisseur un peu obscure de ses groupes, à retoucher sa rédaction vraiment défectueuse et qui, même après toutes nos corrections, manque parfois de netteté.

Angers, imp. E. Barassé.